NOVO
MANIFESTO
DOS ECONOMISTAS
ATERRADOS

TÍTULO ORIGINAL:
Nouveau Manifeste des Économistes Atterrés

© Les Liens qui Libèrent, 2015

Edição publicada através de acordo celebrado com as Éditions Les Liens qui Libèrent, em conjunto com o seu agente autorizado L'Autre Agence, Paris, França

AUTORES
O colectivo de animação dos economistas aterrados

Direitos reservados para todos os países de língua portuguesa à excepção do Brasil por

CONJUNTURA ACTUAL EDITORA
Sede: Rua Fernandes Tomás, 76-80, 3000-167 Coimbra
Delegação: Avenida Fontes Pereira de Melo, 31 – 3º C - 1050-117 Lisboa - Portugal
www.actualeditora.pt

Tradução
Nuno Quintas

REVISÃO
Suzana Ramos

CAPA
FBA

PAGINAÇÃO
Cláudia Moura

Impressão e acabamento:
PAPELMUNDE
Maio 2015

Depósito Legal
n.º: 392846/15

Toda a reprodução desta obra, por fotocópia ou qualquer outro processo, sem prévia autorização escrita do Editor, é ilícita e passível de procedimento judicial contra o infrator.

Biblioteca Nacional de Portugal – Catalogação na Publicação

NOVO MANIFESTO DOS ECONOMISTAS ATERRADOS

Novo manifesto dos economistas aterrados : 15 caminhos
para outra economia. - (Extra-colecção)
ISBN 978-989-694-119-2

CDU 338

NOVO MANIFESTO DOS ECONOMISTAS ATERRADOS

15 CAMINHOS PARA OUTRA ECONOMIA

ACTUAL

ÍNDICE

Introdução 9

Caminho n.º 1
Ecologia: a nossa nova fronteira 19

Caminho n.º 2
Pôr a igualdade no centro da economia 27

Caminho n.º 3
Reinventar a política industrial 35

Caminho n.º 4
Empresas: mudar de gestão 43

Caminho n.º 5
Salários altos para sustentar a economia 51

Caminho n.º 6
O pleno emprego é possível: uma prioridade
para a política económica 61

NOVO MANIFESTO DOS ECONOMISTAS ATERRADOS

Caminho n.º 7
Reabilitar a despesa pública 71

Caminho n.º 8
Uma fiscalidade solidária e ecológica 79

Caminho n.º 9
Proteção social: contribuamos para o bom humor . . 87

Caminho n.º 10
Indicadores: contemos de outro modo 97

Caminho n.º 11
A dívida pública: paremos de diabolizá-la 107

Caminho n.º 12
Domesticar a finança 115

Caminho n.º 13
Pôr a moeda ao serviço da economia,
mudar o banco central 123

Caminho n.º 14
O euro: mudá-lo ou sair? 131

Caminho n.º 15
O câmbio internacional: regras a repensar 141

INTRODUÇÃO

«Só são grandes porque estamos de joelhos: levantemo-nos!»
Étienne de la Boétie, *Discurso sobre a Servidão Voluntária*, 1548

Desencadeada pelo falhanço estrondoso das práticas financeiras especulativas, a crise que se abriu em 2007 revelou ao mundo as fragilidades da finança desregulada e os impasses do neoliberalismo. Quando a tempestade foi mais forte, os Estados intervieram. Ficaram-se, porém, pelos primeiros socorros, o resgate dos bancos e os planos de retoma. Não atacaram as raízes da crise: a finança liberalizada, a mundialização desenfreada, a fuga para a frente produtivista e o aprofundamento das desigualdades. Por uma dessas façanhas ideológicas cujo segredo detêm, os apóstolos do neoliberalismo imputaram a crise global à despesa pública excessiva, a um Estado social demasiado generoso e aos entraves à concorrência em mercados nunca suficientemente liberalizados. Silenciaram-se as incontáveis generosidades dadas aos ricos, aos nichos, a fraude e a evasão fiscais que destruíram a receita pública e afundaram os défices públicos. Omitiu-se o apoio da banca à especulação financeira. Ficou esquecida a responsabilização por colossais dívidas privadas por Estados chamados a socorrer um sistema bancário enfraquecido por ser especulador. Rasuraram-se os efeitos nefastos dos tratados europeus. Negou-se a dificuldade de explicar a subida do desemprego pelo custo do trabalho, apesar de há muito se apertarem os salários. Era preciso ter-se ido mais longe na aplicação de um modelo que, todavia, mergulhara o mundo na pior crise do capitalismo desde os anos 30 do século xx.

O nosso primeiro manifesto fez soar o alerta em 2010: a prossecução e o aprofundamento das políticas neoliberais conduziriam a recuos sem fim. Cá estamos. Instalou-se uma crise maior, que não para de produzir os seus efeitos.

Porquê um novo manifesto quatro anos após o primeiro? Que emergências e necessidades nos fizeram voltar a dedicar uma obra a este assunto? A primeira é a extrema gravidade da crise. É uma crise global e simultaneamente económica, social e ecológica. A segunda prende-se ao facto de ser tempo de enveredar por outros caminhos: são possíveis e desejáveis outras políticas.

Não se tiraram lições da crise

As «10 falsas evidências» que denunciámos em 2010 alimentam mais do que nunca a ideologia dominante e as políticas que hoje se conduzem.

INTRODUÇÃO

Os decisores não aprenderam nada, ou não quiseram aprender nada, com a crise. Os economistas da corte revelam-se mais arrogantes quanto mais errados se provaram os seus preceitos. Os grupos de pressão financeiros mais ávidos ficam por não terem de pagar o preço dos seus erros. Os comentadores continuam a desfiar as intrigas da bolsa e os avisos das agências de notação de risco, como se se lesse a evolução das economias nos jogos da finança especulativa. Continuam a gerar-se, a fundir-se, a cindir-se grandes empresas ao sabor das previsões de ganho a curto prazo dos acionistas. Não se têm em conta o desenvolvimento sustentável, o emprego, o tecido económico local, os investimentos produtivos. As profissões mais bem remuneradas continuam a ser as do setor financeiro, os conselhos de administração em deslocalização, em mecanismos financeiros, em otimização fiscal. Deviam ter vergonha os remediados, os empregados, os operários, os agricultores, os enfermeiros...

Na Europa, reforçaram-se as políticas que originaram a crise. Os votos populares opuseram-se-lhes? Confiaram-se as escolhas políticas a especialistas «independentes» – entenda-se independentes dos povos, não dos poderes do dinheiro. O pacto de estabilidade mergulhou a Europa na austeridade e na recessão? Adotou-se um pacto orçamental ainda mais duro. A abertura excessiva dos mercados pôs em perigo a indústria de inúmeros países europeus? Negociou-se um tratado de comércio livre com os Estados Unidos da América. Os falhanços do euro foram um fator de divergência económica em detrimento dos países da Europa do Sul? Tornaram-se esses falhanços pretexto para uma «estratégia de choque» que exigia que esses países aplicassem políticas de austeridade particularmente brutais. E foi assim que os países europeus, num contexto de concorrência mundial desenfreada, se entregaram a uma guerra económica obstinada, empregando-se cada um a conquistar partes do mercado e do emprego dos outros, culminando no pior dos cenários: o da deflação para todos. Os poucos avanços conseguidos – fixação do salário mínimo na Alemanha, medidas tímidas de combate aos paraísos fiscais, uma taxa sobre as transações financeiras rapidamente esvaziada do seu conteúdo – não vão chegar para tirar os países europeus deste lamaçal.

Ainda não se retiraram lições da crise ecológica. Continuam a minimizar-se os perigos das alterações climatéricas e do esgotamento de recursos naturais, quando deveriam estar no centro de toda a reflexão sobre o futuro das nossas economias e das nossas sociedades, no centro de toda a política.

As 10 falsas evidências transformaram-se em impasses gravíssimos da política económica.

Abrir alternativas

Depois de seis anos de crise, os dirigentes agarram-se a preceitos neoliberais que falharam. Não procuram alternativas na combinação da austeridade e da produtividade, no fosso das desigualdades. Em França, um presidente socialista eleito para domesticar a finança acabou por se adiantar às suas exigências. O governo precipitou-se numa política vã de oferta ao apostar na isenção das contribuições sociais, quando as empresas primeiro se confrontaram com a debilidade do seu caderno de encargos e as exigências de rendibilidade do capital. Foi o resultado da conivência, e mesmo da confusão, entre o alto aparelho do Estado e a burguesia financeira. Contudo, se os interesses estabelecidos decerto pesam, é preciso contar-se também com o poder do mito neoliberal associado à sua coerência ideológica e à sua ética da responsabilidade individual. O mercado seria um sistema neutro e benevolente, que recompensaria o esforço e incitaria cada um a trabalhar para o interesse geral. Os desempregados, os excluídos e mesmo os Estados em dificuldades não o seriam devido à má sorte, mas sim devido aos seus erros. Logo, não conviria ajudá-los mas responsabilizá-los pela sua situação, expondo-os sempre mais à sanção da concorrência e dos mercados. O neoliberalismo perdura, não obstante os seus fracassos patentes e o desalento social que gera. Desmistificá-lo exige mais do que uma crítica, pois parte da sua força reside na sensação de que não há alternativas coerentes que se lhe oponham.

Com este novo manifesto, os Economistas Aterrados entendem trazer à liça propostas para sair da armadilha em que as políticas neoliberais nos fizeram cair. As nossas propostas são apresentadas em 15 temas, que são igualmente caminhos para a alternativa. Não procurámos ser exaustivos, não pretendemos de forma alguma abarcar tudo. Quisemos despertar iniciativas, vocações, esperando que outros economistas, mas também outros cidadãos (intelectuais de outras disciplinas, sindicalistas, militantes associativos ou políticos, profissionais de diferentes setores), com o seu saber, as suas competências, não as deixem escapar, para que possam, por sua vez, contribuir para a construção de alternativas ao projeto neoliberal.

As nossas convicções

Animam as nossas propostas cinco convicções que dão coerência a este manifesto.

A primeira convicção diz respeito à democracia. Esta deve sobrepor-se ao mercado. A economia encaixa-se na sociedade, assenta em instituições que resultam de decisões políticas. Não existem leis económicas naturais que conduzam espontaneamente ao bem-estar coletivo e que a todos se impõe respeitar. As regras que regem a economia são construções sociais e relevam de escolhas democráticas. Queremos que a evolução económica, social e, por fim, política continue dominada e guiada pelo jogo dos interesses da finança, da banca e das grandes empresas ou desejamos antes que os cidadãos possam decidi-la? O nosso papel de economistas críticos é mostrar que a sociedade pode recusar a imposição de supostas leis do mercado e escolher ela própria definir as condições do seu bem-estar. O desafio ecológico pode conduzir-nos a uma sociedade mais sóbria e igualitária em vez de reforçar as desigualdades de nível de vida. A reforma pode ser gerida socialmente, em vez de

INTRODUÇÃO

confiada a fundos de pensões. A fiscalidade pode reduzir as desigualdades de rendimentos ou de património e não apoiá-las ou ampliá-las. A organização económica e social pode favorecer a igualdade entre as mulheres e os homens e não fixar uns e outros nos papéis sociais tradicionais. Pode-se conceber a empresa como uma instituição coletiva, em vez de a reduzirmos à propriedade de um empresário ou dos acionistas. Pensamos que a sociedade tem o poder de deliberar e de escolher democraticamente.

A nossa segunda convicção é a de que não se pode separar a democracia da igualdade. O mercado é o reino das desigualdades. A empresa acionista dá primazia ao princípio «uma ação, uma voz». A democracia, pelo contrário, assenta num princípio de igualdade, no qual cada um conta como um só. Esta igualdade formal não chega, porém, para garantir a igualdade real. A igualdade real deve estar no centro do conjunto das políticas públicas. Não é antieconómica, ao contrário do que deixa entender o discurso neoliberal. A injustiça, as desigualdades e a pobreza geram enorme desperdício de competências. A igualdade, fonte de justiça, é também fonte de bem-estar económico, de eficácia. É por isso que lhe dedicamos um capítulo transversal.

A nossa terceira convicção deriva igualmente da democracia e diz respeito à articulação entre mercado, iniciativa privada e intervenção pública. Não é procurar suprimir o mercado ou passá-lo para a iniciativa privada. Seria preciso para isso confiar no mercado, ou basear tudo na iniciativa privada? É o que pensam os liberais. Contudo, os mercados não regulados geram alianças e monopólios que esmagam a iniciativa privada. Por darem rédea solta aos atores privados que perseguem interesses particulares, os mercados não podem, por definição, tomar a seu cargo certos domínios. A estabilidade financeira, o pleno emprego, a reforma, a saúde, a cultura, a educação, a habitação, mas também a resposta a dar aos desafios ecológicos: a intervenção pública é necessária em todos estes registos que põem em jogo o interesse geral. Trata-se de justiça e coesão social, mas também de eficácia económica.

A nossa quarta convicção diz respeito à importância que damos na economia à iniciativa dos cidadãos e ao papel que podem assumir no futuro. Está em curso um vasto movimento que, com o nome de «comuns», permite que os cidadãos se apropriem de todo um conjunto de atividades para promoverem o desenvolvimento e a gestão partilhada. Como complemento de bens e serviços públicos, desenvolve formas renovadas de cooperação e propriedade. A economia colaborativa baseia-se assim em formas jurídicas originais, favorecendo a propriedade partilhada e distribuída entre parceiros na mesma atividade. Faz nascer um novo tipo de empresas, fundadas não na busca do lucro, mas em fins de utilidade social e ambiental. À economia social e solidária, com as suas associações mutualistas e cooperativas, juntam-se doravante redes de trocas (frequentemente a partir de plataformas fundadas na Internet), monetizadas ou não, que permitem economizar recursos mediante o desenvolvimento de «circuitos curtos» para alimentação ou consumo partilhado de bens e serviços (agricultura sus-

INTRODUÇÃO

tentada pela comunidade, *carpooling*, estabelecimentos para reparar objetos, chamados *repair cafés*[1]...).

A nossa quinta convicção diz respeito à ecologia. Longe de poder ser remetida para a categoria de suplemento da alma, a ecologia é a «nova fronteira» das nossas sociedades, logo, das nossas economias. Face à degradação ou ao esgotamento de recursos, face ao aquecimento climatérico, a inércia já não é tolerável. Os desafios ambientais a longo prazo reclamam uma verdadeira bifurcação dos nossos modos de produção e padrões de consumo, a qual pode ela própria constituir um acelerador de transformações sociais. Pôr em curso novos processos produtivos permite definir novos critérios de gestão, criar novos empregos e novos direitos de intervenção dos trabalhadores, mas também reorganizar e partilhar o trabalho. Os modelos em gestação parecem-nos promissores: os modelos de economia circular que visam reduzir dejetos pela reciclagem (as «saídas» próprias de determinadas atividades que servem de «entradas» para outras) ou os modelos de economia funcional, centrados no uso do mesmo recurso por diferentes utilizadores. Para marcar a importância que damos a estas mutações, que devem ser um fio condutor, optámos por dedicar o primeiro capítulo à ecologia.

---

[1] Espaços comunitários organizados por residentes, que disponibilizam ferramentas e voluntários à população para reparar objetos ou equipamentos, como forma de combater a cultura do desperdício. (*N. T.*)

Cada um dos capítulos do novo manifesto é um caminho, propõe soluções para evitar os erros do neoliberalismo. Este manifesto compreende-se como instrumento intelectual «para escapar às ideias antigas», como dizia Keynes. Quer-se também como instrumento pedagógico para frustrar a lengalenga económica tantas vezes difundida pelos meios de comunicação – e infelizmente também pelas universidades. Quer-se também como instrumento político para iniciar uma reconquista intelectual sem a qual não pode haver nenhuma transformação social.

Não, decididamente não estamos condenados a submeter-nos ao neoliberalismo, a vermos encherem e rebentarem bolhas financeiras e imobiliárias. Os jovens não estão condenados ao desemprego e aos biscates. Não somos forçados a ver, dia após dia, o nosso planeta um pouco mais sujo.

Sim, são possíveis outras vias.

CAMINHO N.º 1
ECOLOGIA: A NOSSA NOVA FRONTEIRA

A crise mundial do início do século XXI é consequência de um duplo impasse: o do regime de acumulação financeira, mas também o do produtivismo, que leva ao esgotamento dos recursos naturais, a graves atentados contra a biodiversidade, à poluição e ao aquecimento climatérico. Estes dois aspetos da crise, o social e o ecológico, reforçam-se entre si: os mais pobres, nos países ricos e ainda mais nos países menos desenvolvidos, são e serão os mais duramente afetados pela degradação ecológica.

As nossas sociedades devem responder em simultâneo à degradação social e à degradação ecológica. Já não é possível adiar as exigências ecológicas e apostar na ideia de que o crescimento económico reduzirá as desigualdades de forma espontânea. É necessária uma profunda reconversão dos nossos padrões de consumo e dos nossos modos de produção. Trata-se de entrar numa grande bifurcação cujo objetivo é satisfazer as necessidades das populações sem deixar de preservar os equilíbrios ecológicos indispensáveis à sobrevivência dos ecossistemas. Significa isso

que não se pode retomar a atividade de forma cega, inde-
pendentemente dos novos objetivos ambientais. Ao invés,
a retoma deve integrá-los como prioridades.

A transição energética

A revolução industrial apoiou-se largamente no uso
de energias fósseis. O seu esgotamento e caráter poluente
impõe hoje que se reorganizem os nossos modos de produção e padrões de consumo. É urgente tornar objetivos
prioritários as recomendações do Painel Intergoverna-
mental sobre Mudanças Climatéricas (PIMC): estabelecer
até ao fim do século a concentração de gases com efeito
de estufa para evitar um aquecimento superior a 2 °C, que
seria catastrófico para inúmeras regiões do planeta.
Isso pressupõe dividir por 2 as emissões mundiais até
2050, e por 4 ou 5 nos países desenvolvidos, tendo em
conta as enormes diferenças da pegada energética *per capita*
(de 1 a 35 entre um habitante do Sahel, no Norte de África,
e um norte-americano). Deve implementar-se esta transição energética o mais depressa possível.

O desenvolvimento das energias renováveis deve estar
no centro desta transição, a partir de uma nova «combinação energética» (fotovoltaica, biomassa, geotérmica, eólica,
hídrica) para permitir uma saída progressiva do nuclear.
É um projeto realista: as energias verdes já se tornaram,
no continente europeu, a primeira fonte de eletricidade
na proporção de 28%.

Convém, como prioridade absoluta, reduzir o nosso consumo de energia. Os edifícios absorbem quase metade (45%) do consumo final de energia; passa pela construção de edifícios de baixo consumo (ou de energia positiva) e por um vasto plano de renovação térmica do edificado antigo. O mesmo para os transportes (32% do consumo final), que é necessário reduzir. Pode reduzir-se o transporte de mercadorias mediante relocalização de determinadas produções e assegurá-lo por outros meios além do rodoviário.

Quanto ao transporte de pessoas, pode reduzir-se da mesma forma relocalizando as atividades de produção mais perto de zonas habitacionais. Deve acompanhar-se esta relocalização de um programa de desenvolvimento de transportes coletivos que dê prioridade à densidade dos serviços locais (mais do que a redes de alta velocidade), cuja utilização seria favorecida pela gratuitidade dos transportes locais.

Modos de produção mais sustentáveis, padrões de consumo mais sóbrios

A transição para modos de produção mais sustentáveis requer que se pare de socorrer as indústrias do século xx, por exemplo as subvenções ao gasóleo, e se substitua esse socorro por ajudas à produção de qualidade, não poluentes, que privilegiem mais a duração de vida dos produtos do que a sua obsolescência programada.

A transformação do modelo agrícola e do modelo da indústria agroalimentar convida à extinção progressiva de ajudas à agricultura intensiva, grande consumidora de energia e de insumos químicos, a fim de favorecer a agricultura de proximidade, biológica ou agroecológica. Deve refundar-se a política agrícola comum, que representa um terço do orçamento da União Europeia, para integrar estas novas exigências.

Estas alterações dos modos de produção exigem também a redefinição dos nossos padrões de consumo. Os dois estão intimamente ligados: reconquistar o domínio dos modos de produção impõe que voltemos a dominar os nossos padrões de consumo, sem deixar à imaginação desabrida das empresas capitalistas a capacidade de modelarem as nossas «necessidades» para seu grande lucro. A sociedade do amanhã será sóbria e igualitária, mais ávida por preservar a satisfação dos bens fundamentais do que os supérfluos. Deverão evitar-se os consumos ostentatórios, elitistas, com custos energéticos, poluentes. Não poderemos obtê-los apenas pela subida dos preços, pois este modo de racionamento do mercado atinge sobretudo os mais pobres.

Os instrumentos da transição ecológica

Segundo os liberais, as empresas capitalistas e os mercados financeiros, com novos produtos financeiros verdes, poderiam responder aos desafios ecológicos. Não é o caso, como mostra a experiência dos mercados de licenças de poluição. O da União Europeia para as emissões de CO_2 (dióxido de carbono), introduzido em 2005, é o mais importante do mundo. Contudo, funciona bastante mal. A Comissão Europeia distribuiu demasiadas licenças, pelo que o preço da tonelada de CO_2 se tornou imprevisível e ridiculamente baixo. A ecologia compromete a muito longo prazo um horizonte que não pode ser o do capital privado, guiado pela rendibilidade de curto ou médio prazo. Se há domínio em que se deve reabilitar a política dos grandes programas é o da ecologia. A intervenção pública deve poder contribuir para a transição ecológica, pelo que as prioridades devem ser definidas pela arbitragem democrática. Além disso, a transição ecológica deve apoiar-se em iniciativas locais e em iniciativas de cidadãos para ser bem-sucedida. São já inúmeras as experiências e provaram a sua eficácia económica e ecológica: parques eólicos municipais, desenvolvimento de pequenos circuitos agrícolas, serviços municipais de gestão fundiária, serviços municipais de gestão de eletricidade.

Assim sendo, três propostas são fundamentais.

Primeiro, convém regular por decreto e pôr em prática normas legislativas e regulamentares. Se a ecologia é a nossa nova fronteira, importa traçar-lhe os contornos: reduzir determinados consumos de matérias, proibir determinadas substâncias ou processos de produção energívora ou poluentes ou, pelo contrário, impor novos processos. A lei deve ser a base de enquadramento de práticas ecologicamente sustentáveis e proteger dos assaltos livre-cambistas.

A resistência dos cidadãos é crucial para fazer fracassar os dispositivos como o Acordo de Parceria Transatlântica (APT), que, se tivesse sido conseguido, teria submetido os Estados e as autarquias locais às exigências das grandes empresas e negado o direito das populações à proteção social e ambiental.

Segundo, é preciso pôr em prática uma fiscalidade mais «incitativa», para estimular os comportamentos ecológicos. A fiscalidade ecológica justifica-se porque as empresas tendem a fazer recair na sociedade os custos que não são integrados no preço de mercado. A taxa permite reduzir a diferença entre os custos coletivos e os custos das empresas. Exprime uma preferência coletiva pela preservação da biodiversidade e dos recursos, bem como pela luta contra o aquecimento e a poluição. Democraticamente decidida a norma pretendida pela sociedade, resta orientar a repartição de esforços. Para isso, a fiscalidade ecológica deve cumprir três condições:

sendo sempre os ecoimpostos, no fim de contas, pagos pelos consumidores, importa acompanhá-los de uma política redistributiva, de maior oferta de serviços públicos, e de uma política imobiliária e habitacional a favor dos mais desfavorecidos;

- os impostos devem ser suficientes para encorajar reconversões: o imposto sobre o dióxido de carbono, por exemplo, deve superar rapidamente os 50 euros por tonelada (em França não passa dos 6 euros em 2014);

- as proteções devem ser postas em prática a fim de evitar submeter a sanções da concorrência as empresas e os países mais comprometidos com a transição ecológica; estas proteções devem assumir a forma de impostos ambientais nas fronteiras, dos quais parte significativa reverteria para os países do Sul, de forma a sustentar a sua própria transição.

Terceiro, a transição ecológica exige investimentos gigantescos. A renovação térmica dos edifícios pressupõe investimento privado, que requer apoio público. É igualmente indispensável o investimento público na investigação e nas infraestruturas (por exemplo, nos transportes coletivos).

O custo do arranque da transição ecológica pode parecer elevado: estima-se em 3% do produto interno bruto (PIB) dos países membros da União Europeia cerca de 350 milhões de euros anuais durante dez anos. Contudo, o custo da inação será bastante superior. Terão os Estados e as autarquias locais meios para levar a cabo essas iniciativas? Sim, porque os investimentos futuros devem ser feitos em função dos benefícios que a sociedade vai retirar deles mais tarde. Estes investimentos devem poder ser financiados por empréstimos de bancos públicos de investimento e garantias da banca central.

A coerência de uma estratégia de sustentabilidade será tanto maior quanto mais se associarem objetivos ecológicos a objetivos sociais. Inscrever no centro desta estratégica a proteção dos bens que a sociedade tenha decidido tornar de interesse comum ou público, como a preservação dos equilíbrios climatéricos e da biodiversidade, será uma forma de construir o bem-estar social, isto é, a capacidade de vivemos juntos com base em regras adotadas coletiva e democraticamente, que permitam arbitrar a produção de bens privados e a produção de bens comuns ou públicos.

As nossas propostas

Traduzir em leis, em normas, na fiscalidade, uma série de objetivos determinados de forma democrática no que respeita à transição ecológica e, em particular, à redução de emissões de gases com efeito de estufa.

Avançar com um plano de investimento em edifícios (em particular a renovação térmica do edificado antigo), desenvolver energias renováveis e transportes coletivos a fim de reduzir o consumo energético.

Estabelecer circuitos privilegiados de financiamento em projetos que se inscrevam na transição ecológica e social.

CAMINHO N.º 2
PÔR A IGUALDADE NO CENTRO DA ECONOMIA

Apesar de afixada na fachada dos edifícios públicos e das escolas, a igualdade em França marca passo. As desigualdades nas receitas, que se reduziram durante um longo período, aumentaram desde o início dos anos 90 do século XX. A crise aberta em 2008 amplificou este fenómeno. Como na maioria dos países desenvolvidos, as receitas dos países pobres e das classes baixas e médias diminuíram ou estagnaram desde então, ao passo que as dos mais ricos aumentaram.

As políticas levadas a cabo neste trinta anos possuíram um grande papel na nova subida das desigualdades. Tiveram como alvos privilegiados a despesa e a regulação públicas, mesmo sendo estas as que mais contribuem para reduzir as desigualdades. Ora, as desigualdades causam danos sociais e económicos. A igualdade e a promoção de todos devem (voltar a) ser objetivos centrais das nossas sociedades.

As desigualdades não são economicamente eficientes

O modelo neoliberal alicerça-se nas desigualdades, não para de as justificar. Seriam fonte de eficiência económica, um estímulo necessário para a concorrência entre indivíduos e povos, incitando cada um a dar o melhor de si mesmo.

A competição alimentar-se-ia das desigualdades, a concorrência mundial reclamá-las-ia. No topo da pirâmide social, os gerentes das empresas deveriam beneficiar de salários sempre mais elevados que os encorajassem a gerir as empresas no interesse dos acionistas. Os corretores deveriam ser recompensados pelos ganhos que obtivessem nos mercados. As receitas faraónicas de um punhado de gerentes, de desportistas ou de artistas seriam a marca da sua excelência. Para evitar que se exilassem, pede-se ao sistema fiscal que não se submetesse uns e outros a uma contribuição excessiva. Em retaliação, no fundo da pirâmide social, os salários e a redistribuição nunca seriam suficientemente parcimoniosos. Em nome da competitividade, exige-se aos trabalhadores não qualificados que aceitem a «moderação» (outro nome para limitação ou redução) dos seus salários. Quanto ao subsídio de desemprego e rendimento mínimo, devem ser suficientemente baixos e combinados com incentivos à atividade, para levar desempregados e beneficiários a retomarem rapidamente um emprego, ainda que precário.

Contudo, nada suporta estes argumentos. As desigualdades de receitas não têm justificação económica. São um estímulo pernicioso se incitarem os empresários a preferir o lucro dos acionistas em detrimento da utilidade social. As fabulosas receitas de determinadas profissões (dirigentes de grandes empresas, financeiros, desportistas ou artistas) são um engodo para os jovens. As desigualdades são socialmente nocivas. Uma criança de cinco anos vive no limiar da pobreza: que desperdício de potencialidades! É preciso estimular o desenvolvimento de empregos de má qualidade, obrigar os desempregados a aceitá-los quando esses empregos não lhes permitem sair da pobreza?

A igualdade pode, pelo contrário, afirmar-se como poderosa alavanca de mobilização e desenvolvimento. Ao inscrever a luta contra as desigualdades como fio condutor da sua ação, uma sociedade não trabalha apenas na sua coesão, mas dá a si própria meios de maior valorização dos seus recursos e das suas potencialidades. É claramente uma emergência social. É também uma necessidade económica.

A França, mas também os países escandinavos, graças a níveis mais elevados de despesa pública e transferências sociais, são sociedades menos igualitárias, com menor nível de pobreza que o de países menos «liberais». Mas o liberalismo não para de corroer este modelo. Põe desempregados contra trabalhadores, jovens contra velhos, precários contra os que têm um emprego estável, trabalhadores do setor privado contra funcionários públicos. Como se uns fossem responsáveis pela desgraça dos outros, como se não fossem todos vítimas antes de mais do capitalismo neoliberal e dos interesses de uma franja muitíssimo estreita (1% ou mesmo 0,01%) da população que deles beneficia.

As nossas sociedades, e particularmente a francesa, sofrem a ausência de um projeto comum, mobilizador e libertador. Para escapar à ruína social, é preciso recriar esse projeto, e a igualdade deve estar no centro dele.

Igualdade: crianças, jovens e mulheres em primeiro lugar

A primeira preocupação deve ser com os jovens. Os jovens não são só uma preocupação das famílias, são uma preocupação de todos nós. Numa sociedade democrática, cada um deles deve usufruir de condições de vida que lhes permitam tornar-se cidadão e ativo inserido na sociedade do século XXI. Seja qual for a sua situação de emprego, é necessário que os pais tenham ao seu dispor recursos para educar os filhos. Isso implica uma forte revalorização das prestações sociais e familiares, em particular das que beneficiam as famílias mais pobres. Os serviços públicos são essenciais. Convém estabelecer um serviço público, universal e gratuito de acolhimento às crianças mais novas. Os cuidados infantis e as atividades extracurriculares devem também ser gratuitas. É indispensável que as autarquias disponham de recursos suficientes para financiar os transportes, as atividades culturais e de lazer, a organização de ritmos escolares. Promover a igualdade na educação requer meios, particularmente em estabelecimentos de bairros populares. A preocupação meritocrática de classificar as crianças, de estabelecer uma elite, arrasta

CAMINHO N.º 2 – PÔR A IGUALDADE NO CENTRO DA ECONOMIA

consigo muitas vezes uma conceção igualitária de educação. Que uma ínfima parcela de alunos das classes mais baixas veja facilitada a sua entrada nas melhores escolas não permite, mesmo assim, reabsorver as desigualdades que minam o sistema educativo. Para os alunos com dificuldades, é infinitamente preferível o acompanhamento personalizado em detrimento de reprovações ou de orientações padronizadas. Aí, onde os alunos tem maiores dificuldades, são necessários os recursos mais importantes.

O dever da sociedade é também o de apoiar os jovens nos seus esforços de formação e inserção. Isso pressupõe a existência de um subsídio de inserção (abrindo a via ao direito à reforma) aos que procuram emprego e não acumularam direitos suficientes para o subsídio de desemprego. Pressupõe ainda permitir que os estudantes façam os seus estudos de forma serena, diminuindo a sua insegurança financeira (revalorização e desenvolvimento de bolsas ou criação de um subsídio de estudo, e construção de residências). Este esforço poderia ser financiado mediante aumento dos direitos sucessórios e de doação.

Para favorecer a aquisição de novos conhecimentos e competências e permitir a todos construírem uma (nova) carreira, é importante melhorar a formação ao longo da vida.

A França é historicamente um país de imigração, o que é para ela uma mais-valia. Isso obriga-a a resolver as dificuldades de inserção e de formação dos jovens filhos da imigração. Para compensar a falta de redes e lutar contra as discriminações que os afetam, devem considerar-se prioritários os estágios e o primeiro emprego, o que pressupõe a melhoria dos dispositivos públicos de inserção que se lhes aplicam.

O combate pela igualdade entre mulheres e homens está longe de estar ganho. Subsistem desigualdades profundas. Perdura a segregação sexual dos empregos. É horizontal: as mulheres e os homens nem sempre ocupam as mesmas áreas (eles são mais mecânicos ou engenheiros, elas mais educadoras de infância ou professoras). A segregação é também vertical: inúmeras mulheres esforçam-se por sair de empregos não qualificados (efeito «chão pegajoso»), ao passo que as mais qualificadas raramente alcançam o topo (efeito «teto de vidro»)[2]. A mudança passa pela educação para a igualdade desde a mais tenra idade, para que as jovens possam encarar ser canalizadoras ou pilotos aéreos. Nas empresas e nas administrações, devem ser revistas as regras de progressão na carreira, para que as mulheres beneficiem das mesmas possibilidades e dos mesmos recursos que possuem os colegas do sexo masculino. Conviria, por fim, promover nas famílias uma partição igualitária dos cuidados das crianças e da sua educação. Em vez de afugentar as mães do emprego durante três anos, a licença de parentalidade ganharia decerto em ser redu-

---

[2] «Chão pegajoso» (do inglês *sticky floor*) caracteriza a maior dificuldade de as mulheres terem acesso a cargos intermédios nas estruturas das empresas; «teto de vidro» (do inglês *glass ceiling*) refere-se ao impedimento não formalizado, praticamente invisível, na promoção a posições de topo por parte das mulheres. (*N. T.*)

CAMINHO N.º 2 – PÔR A IGUALDADE NO CENTRO DA ECONOMIA

zida e partilhada entre os pais, mas suporia um importante desenvolvimento preliminar da oferta de acolhimento. Deveria ser possível reduzir o tempo de trabalho sem perda de salário para pais e mães de crianças.

Fazer da igualdade um objetivo do conjunto das políticas públicas

A igualdade é um assunto de todos nós. Deve ser uma prioridade do conjunto das políticas públicas. As políticas sociais, familiares, as políticas de emprego ou salariais devem ser postas ao serviço deste objetivo.

As desigualdades territoriais e de habitação atingem hoje em dia extremos. É necessário um vasto programa de construção de habitação social, quer para responder ao défice atual de habitações, quer para permitir uma redução das rendas. É indispensável um programa de renovação urbana, de desenvolvimento de serviços públicos que ponha fim ao isolamento e faça renascer os bairros mais desfavorecidos. Esse programa poderia ser financiado por uma reformulação dos impostos sobre os arrendamentos (mais-valias imobiliárias, habitações devolutas, residências secundárias nos aglomerados, arrendamentos implícitos de que beneficiam os proprietários que vivem na sua própria habitação).

A sociedade tem o dever de zelar para que as diferenças entre indivíduos não se cristalizem em desigualdades de estatuto: que se honrem e recompensem os mais talentosos, neste ou naquele domínio, sem que isso acarrete beneficiar de privilégios hereditários. Cada um, cidadão de uma república reconciliada consigo mesma, deve encontrar o seu lugar numa sociedade sóbria, eficiente, igualitária.

As nossas propostas

Revalorizar as prestações sociais e familiares, melhorar as condições de educação das crianças e apoiar a formação e inserção dos jovens.

Lutar contra as desigualdades entre mulheres e homens desmontando os estereótipos desde a escola, promovendo a igualdade no emprego e nas famílias.

Reduzir as desigualdades territoriais mediante o desenvolvimento dos serviços públicos e das políticas de construção e melhoria da habitação.

CAMINHO N.º 3
REINVENTAR A POLÍTICA INDUSTRIAL

Ao longo dos últimos trinta anos, a França sofreu uma enormíssima desindustrialização. A política industrial, há muito um dos seus pontos fortes, foi quase completamente desmantelada. Abandonou-se o espírito das políticas dos «grandes projetos». Passou-se assim de uma lógica em que o Estado era um grande ator do desenvolvimento económico e industrial para uma lógica em que só os mercados se consideram pertinentes para decidir a organização produtiva nacional.

Para os liberais, a intervenção pública não pode distorcer a concorrência e criar rendas de situação dispendiosas para o consumidor. Sob influência desta doutrina, a França abandonou progressivamente os instrumentos da política industrial herdados dos Trinta Gloriosos[3]. As grandes empresas que haviam encabeçado projetos ambiciosos de modernização industrial foram privatizadas a partir

---

[3] Expressão que designa as três décadas de prosperidade (1945--1975) vividas em França após a Segunda Guerra Mundial, que chegaram ao fim com os efeitos do choque petrolífero de 1973. (*N. T.*)

de meados da década de 80 do século XX. Estas privatizações foram amiúde acompanhadas de um desmantelamento que criou entidades especializadas, em segmentos estreitos e muitas vezes subcapitalizados. As empresas industriais francesas tornaram-se assim presas fáceis de investidores estrangeiros, que operam como fundos de investimento ou poderosos conglomerados, ontem a Alcatel e a Arcelor, hoje a Peugeot e a Alstom. Para sobreviver, muitas grandes empresas francesas tiveram de se aliar a grupos estrangeiros com pouca vontade de investir e de desenvolver o património produtivo do nosso território. Determinados grupos industriais tornaram-se emblemas do CAC 40[4]. Inseridas na finança internacional de que eram elas próprias protagonistas, pensam e agem como empresas «globais» e desterritorializadas.

Como inverter esta tendência? Mediante novas formas de pensar a relação entre a inovação, o desenvolvimento industrial e a reabilitação do papel da intervenção pública.

Uma desindustrialização dramática

A desindustrialização que a França conheceu traduziu-se numa queda espetacular da indústria, com um total combinado de 23% em 1980 a 14% em 2013. No mesmo período, o emprego assalariado industrial passou de 5 milhões em 1980 a 3 milhões, uma redução de 40%.

---

[4] Sigla de *Cotation Assistée en Continu*, índice bolsista que agrega as 40 maiores empresas cotadas em França (*N. T.*).

CAMINHO N.º 3 – REINVENTAR A POLÍTICA INDUSTRIAL

Contudo, apesar da sua fraca importância na atividade, a indústria continua a desempenhar um grande papel, pois é por ela que passa o essencial da evolução da produtividade que condiciona o crescimento dos outros setores. É também ela que garante a maior parte das exportações e permite ganhar divisas necessárias para importar.

A desindustrialização fez-se acompanhar de uma desestruturação do tecido produtivo francês. Enquanto os grandes grupos herdados das privatizações dos anos 80-90 adotaram uma estratégia mundial, a rede de PME francesas submeteu-se duramente à lei da subcontratação. Pouco apoiadas pelo setor bancário, vulneráveis à conjuntura, as PME industriais não dispõem das redes de influência das grandes sociedades. O afastamento do Estado pôs frente a frente grupos privados institucionalmente poderosos e uma miríade de PME vulneráveis. Contribuiu também para a criação de um capitalismo feudalizado nas empresas do CAC 40. Sob pressão conjunta da concorrência internacional e da finança, estes grandes grupos procuraram frequentemente recuperar as suas margens, não pela inovação, mas pressionando mais os seus subcontratados, participando no enfraquecimento do tecido industrial francês e no seu desequilíbrio.

O desenvolvimento industrial reclama intervenção pública

Tanto no domínio industrial quanto em muitos outros domínios, a intervenção pública é chamada a desempenhar um papel de protagonismo. A educação, o sistema de saúde ou mesmo as infraestruturas participam no desenvolvimento das empresas nos territórios. De igual modo, a intervenção pública é necessária para a investigação fundamental que conduz a descobertas radicais, na qual as empresas privadas muitas vezes não têm meios de investir. Desempenham, pois, um papel na inovação na criação de novas empresas ou novos mercados, em particular nos que se baseiam em produtos de investigação intensiva.

Em certos setores, os custos das infraestruturas são demasiado elevados (habitualmente nas redes ferroviárias, autoestradas, distribuição de eletricidade, gás, água), pelo que as empresas privadas não podem assumi-los de forma satisfatória. Apesar de tudo, os liberais defendem a sua privatização organizando em primeiro lugar – é esse o mantra da Comissão Europeia – a abertura à concorrência. Esta conduz muitas vezes a aberrações económicas, como delegar serviços com muitos custos para os utilizadores (portagens, sobrefaturação dos serviços de abastecimento de água) ou multiplicar infraestruturas redundantes (redes telefónicas, fibra ótica) e incapazes de cobrir a totalidade de um território (zonas brancas). É o caso da Sociedade Nacional dos Caminhos de Ferro Franceses (SNCF), coagida a supervisionar os cursos de construção e manutenção da rede ferroviária, considerando que advêm em parte de uma missão de ordenamento do território.

A Comissão Europeia tornou impossível qualquer política industrial, substituindo-a por uma política de concorrência que privou os Estados dos seus meios de ação.

CAMINHO N.º 3 – REINVENTAR A POLÍTICA INDUSTRIAL

Ou, contrariamente ao que sustenta a cartilha neoliberal, o mercado sabe «fazer tudo». Assim, o afastamento do Estado francês revelou-se muitas vezes catastrófico, e o Estado privou-se de meios para influenciar decisões industriais, que, por conseguinte, se tomam no seio dos conselhos de administração no interesse dos acionistas. Estas decisões submetem-se ao domínio dos «mecânicos financeiros» e à lógica implacável de uma remuneração de capitais próprios fixada num mínimo anual de 15%.

O decreto Montebourg[5], de maio de 2014, visou alargar o regime de autorização preliminar de operações de aquisição de empresas localizadas em França a novos setores (água, saúde, energia). Deve ser lido como expressão de uma abulia perante a impotência do Estado. Este decreto é intrinsecamente bom, mas limita-se a introduzir uma capacidade «defensiva», permitindo ao Estado ponderar decisões que se tomam sem ele e fora da sua iniciativa. É, pois, preciso ir mais longe e instaurar condições para uma verdadeira retoma da política industrial. Disso depende o emprego do amanhã, e um emprego de qualidade nos setores do futuro de grande valor acrescentado.

---

[5] Decreto aprovado a 15 de maio de 2014, conhecido pelo nome do ministro francês da Economia à época, Arnaud Montebourg. Deu ao governo francês novos poderes para bloquear aquisições de empresas francesas por estrangeiros, alargando uma medida de 2005 que já o permitia em três setores. Surgiu numa altura em que o grupo industrial francês Alstrom (com ação nos setores de energia e transportes) estava prestes a ser comprado pela norte-americana General Electric (GE) (*N. T.*).

Que política industrial? Com que instrumentos?

É urgente reconstituir, à escala nacional e à escala europeia, instrumentos de política industrial.

Há três direções a explorar.

Antes de mais, como fizeram muitos outros países, da Noruega à China, passando pelo Brasil, deve-se estabelecer um fundo soberano. Este fundo, consagrado à reindustrialização, permitiria agir rapidamente numa ótica defensiva em caso de risco de perda do nosso capital produtivo. Logo, permitiria agir de forma ofensiva para assumir posições nas empresas e nos domínios do futuro. Poderia constituir-se a partir de ativos da Agência de Participações do Estado (APE)[6] e de recursos da Caixa de Depósitos[7].

O segundo instrumento consistiria em alargar as competências e os meios do Banco Público de Investimento (BPI)[8], permitindo coletar as poupanças dos cidadãos. O fundo soberano e o BPI constituiriam o primeiro nível de um polo financeiro público, vocacionado para facilitar o acesso ao crédito às PME e empresas de médio porte,

---

[6] Do francês Agence des Participations de l'État. Fundada em 2004, integra o governo francês e gere as participações do Estado em mais de 70 empresas (*N. T.*).

[7] Do francês Caisse des Dépôts et Consignations (CDC) ou Caisse des Dépôts, instituição financeira pública francesa (*N. T.*).

[8] Do francês Banque Publique d'Investissement (BPI ou Bpifrance), criado em 2012 com o propósito de financiar a economia e as empresas, sobretudo PME, como forma de apoiar as políticas públicas (*N. T.*).

CAMINHO N.º 3 – REINVENTAR A POLÍTICA INDUSTRIAL

mas também a fornecer capitais próprios e de risco a projetos inovadores inscritos na transição ecológica. Deveriam juntar-se-lhes instrumentos europeus, se a União Europeia finalmente se empenhasse na sua refundação. O Banco Europeu de Investimento (BEI), cujos recursos deveriam ser fortemente alargados, poderia então constituir uma alavanca formidável para financiar as atividades do futuro.

Fortalecida com estes instrumentos, a política industrial deveria privilegiar os domínios prioritários de ação. Um deles é fácil de identificar: a França e a União Europeia deveriam lançar um novo «grande programa» para promover a transição ecológica e energética (ver caminho n.º 1). Pressupõe mobilizar empresas, territórios, centros de investigação e o setor bancário público num esforço coordenado e de longo prazo. O desenvolvimento de energias renováveis, o isolamento térmico do edificado, a renovação urbana, a adoção de processos produtivos inovadores, o crescimento de produtos com longa duração de vida e eficiência energética seriam os vetores da economia do futuro na qual a França e a Europa deveriam rapidamente assumir o seu lugar.

Uma ação persistente e multiforme que vise garantir o aumento de qualidade da produção constitui outra exigência da política a promover. A recomendação não é «fugir» para produtos topo de gama míticos ou produtos de luxo. O aumento da qualidade deve aplicar-se a todos os níveis da gama, compreendendo os produtos mais simples, ditos de gama baixa. O êxito comercial da Dacia, como o êxito passado da empresa suíça Swatch, mostra a importância destas políticas para as organizações que dão importância à qualificação e à iniciativa dos trabalhadores no que respeita a inovação.

Por fim, para que estas políticas sejam possíveis, é imperativo flexibilizar o bloqueio da política da concorrência da União Europeia, autorizando ajudas particulares dos Estados em setores estratégicos ou de importância para o futuro e permitindo às PME beneficiar de vantagens ou ajudas. A criação de fundos regionais garantidos por autarquias locais – à imagem do que fazem os *Länder* na Alemanha – permitiria apoiar ativamente as PME.

As nossas propostas

Promover um novo «grande programa» de transição ecológica e energética.

Flexibilizar as regras da concorrência na União Europeia e apoiar ativamente as PME mediante criação de fundos regionais garantidos por autarquias locais.

Constituir um fundo soberano a partir de ativos da APE e dos recursos da Caixa de Depósitos.

Alargar as competências e ampliar os meios do BPI, reformar o BEI para financiar os investimentos prioritários de longo prazo.

CAMINHO N.º 4
EMPRESAS: MUDAR DE GESTÃO

As empresas estão no centro do sistema produtivo e das relações sociais. Se funcionam mal ou, pior ainda, declaram falência, as consequências económicas, sociais e territoriais podem revelar-se catastróficas.

Empresas dinâmicas e inovadoras são indispensáveis para o bom funcionamento das nossas sociedades. Porém, trinta anos de liberalismo alteraram profundamente o seu modo de gestão.

O «valor para o acionista» contra a empresa

A empresa é uma organização que tem como objetivo duplo produzir riqueza que responda às necessidades da sociedade e gerar receitas monetárias, através da venda da sua produção num mercado. A empresa é um local central para se pôr em prática as qualificações e as competências dos trabalhadores bem como implementar técnicas. Tem também um grande papel na repartição de receitas, nomeadamente entre lucros e salários.

Em todas as épocas, esta repartição – e o modo de exercício do poder no seio da empresa–foi objeto de lutas e compromissos.

As transformações do pós-guerra (à época dita «do fordismo») fizeram recuar o modelo empresarial construído exclusivamente para a procura de rendibilidade financeira, introduzindo em particular fórmulas automáticas de ajustamento de salários com base nos preços e na partilha dos ganhos de produtividade. Ao mesmo tempo, constituía-se um importante setor de empresas públicas nos domínios industrial e financeiro.

A partir dos anos 70, com uma forte aceleração após a década seguinte, ocorreu uma mudança crucial na representação da empresa, concebida a partir de então como devendo acima de tudo servir os acionistas.

A «teoria» que então se impôs, designada «do valor para o acionista», estipula que a boa gestão de uma empresa exige a maximização dos ganhos dos acionistas. O trabalho é assim considerado somente como custo. Procura-se acima de tudo aumentar os dividendos e o valor dos títulos de propriedade de acordo com a avaliação feita pelos mercados financeiros. Tudo isto é realizado em detrimento do investimento, da investigação e do desenvolvimento.

Em inúmeros casos, o capital financeiro ao leme das grandes empresas graças ao controlo da propriedade de títulos patrimoniais resultou em verdadeiros desmantelamentos devido à externalização e subcontratação crescentes, centrando-se nuns quantos segmentos considerados cruciais por serem os mais rendíveis e reduzindo-se nas restantes atividades. Foi assim que a parcela respeitante à remuneração do trabalho no valor acrescentado baixou (de 69,5% em 1972 para 64% em 2006), quando a parcela do lucro de exploração aumentou (de 30,6% em 1972 para 32,7% em 2006), apesar de a parcela do investimento se ter contraído (de 26% em 1972 para 23% em 2006).

Ainda que esta evolução se verifique acima de tudo nas empresas cotadas (e particularmente nas do CAC 40), partilham um forte grau de contágio através das relações de subcontratação. Desde logo, «vencer a inclinação», para inventar uma nova conceção de empresa que já não é posta ao serviço somente dos acionistas, mas reunindo múltiplos atores e parceiros que partilham a mesma «comunidade de destino» não é fácil. Contudo, refundar a empresa dotando-a de bases seguras é, sem dúvida, uma das tarefas mais urgentes a que precisamos de nos dedicar.

Repensar a empresa

Refundar a empresa exige repensar os seus objetivos, a sua organização, a repartição de poderes (entre trabalhadores, empresários, investidores) e os critérios de gestão que conduzem e orientam a natureza das decisões tomadas.

Parece-nos que se deve privilegiar quatro direções.

Redefinir os objetivos da empresa
A empresa deve ter por objetivo produzir bens e serviços úteis, desenvolver riqueza, ou seja, acrescentar valor,

e não apenas o lucro. Os «mandatários sociais» nos conselhos de administração devem assumir em pleno uma vocação e missão sociais. Devem ser julgados, e a própria empresa avaliada, com base na prossecução de objetivos que dê um espaço amplo à sua responsabilidade total e absoluta, em termos ambientais e sociais.

Refundar a estrutura da empresa

A empresa deve poder fundar-se numa base jurídica que reconheça e proteja o facto de ser, antes de mais, um coletivo de trabalho que funciona com base na partilha, na confiança, na transmissão de saber-fazer, e cujo objetivo é produzir bens de consumo úteis e que respeitem o ambiente. Em França, o direito das sociedades não integra propriamente a empresa, só reconhece a sociedade de capitais, o que leva a submeter a primeira à segunda. Tal como hoje se constitui, a sociedade de capitais (particularmente na forma de sociedade anónima) torna difícil dotar a empresa de outros objetivos além da maximização da rendibilidade. Deveriam conceber-se e promover-se outras formas jurídicas para afirmar a empresa como instituição coletiva, social, que ponha em jogo várias partes interessadas (os acionistas, mas também empresários, quadros, outros trabalhadores, os clientes, os fornecedores, as autarquias locais).

É verdade que já existem tipos de empresas fundados noutros princípios que não os que prevalecem nas sociedades de capitais. São as empresas e associações abrangidas pela economia social e solidária. Esta economia representa

CAMINHO N.º 4 – EMPRESAS: MUDAR DE GESTÃO

hoje em França mais de dois milhões de trabalhadores (10% do emprego). Assenta em dois pilares: não tem por fim o lucro nem a apropriação de benefícios, mas a valorização do objeto social no qual se reconhecem aqueles que lhe aderem; a sua gestão é democrática, segundo o princípio «uma pessoa, uma voz», mesmo se, com exceção das cooperativas (30 mil trabalhadores), esta democracia não abranja os trabalhadores. A economia social e solidária permite pensar a empresa de outra forma: dá vida à pluralidade de atores que a compõem e centra a sua atividade num projeto comum que, regra geral, pretende responder aos desafios sociais e ambientais (caso, por exemplo, da agricultura sustentada pela comunidade). Apesar de serem muito importantes, estas empresas deparam-se frequentemente com inúmeras limitações, nomeadamente, no acesso ao financiamento necessário ao seu desenvolvimento (que a recente lei Hamon[9] só desbloqueou em parte). Contudo, além do desenvolvimento da economia social e solidária, é a estrutura de todas as outras empresas que convém refundar. A Alemanha (mas também a Suécia) mostra que é possível: nas grandes empresas, é o conselho fiscal que conduz

---

[9] Aprovada em março de 2014, entrou em vigor no ano seguinte e ganhou o nome daquele que era, à época, o ministro da Economia Social e Solidária e do Consumo, Benoît Hamon. Esta lei facilitou a resolução de contratos de seguros e de crédito, entre outros, sem penalização, dando mais poder ao consumidor e estimulando a concorrência no mercado (*N. T.*).

a estratégia e é composto por metade dos representantes dos trabalhadores.

Refundar os critérios de gestão da empresa

Sob influência de teorias que põem acima de tudo a necessidade de criar valor «para o acionista», a empresa assistiu, nestes últimos anos, a uma verdadeira avalancha de novos instrumentos que se imiscuíram de forma profunda nas atividades laborais, muitas vezes ao pormenor. Os procedimentos de *reporting*, que consistem em medir e determinar em permanência as atividades realizadas no seio da empresa, de modo a detetar qualquer desvio das previsões, invadiram as práticas quotidianas dos trabalhadores em todos os níveis hierárquicos. Sem contar com o facto de ser preciso abrandar e muitas vezes pôr fim a estas práticas que aumentam mais o stresse do que o desempenho, os novos critérios de gestão devem ceder lugar à qualidade dos produtos, à economia da energia, dos resíduos e de consumos intermédios. Estes critérios devem levar a considerar melhor a qualificação dos trabalhadores, a única que permite atingir estes objetivos.

Refundar o direito dos trabalhadores

Nada ou quase nada do que aqui preconizamos se pode obter se não se refundar o direito dos trabalhadores. Sejam os seus direitos individuais (como estipulados nos contratos de trabalho), sejam direitos mais coletivos (consagrados nas comissões de trabalhadores ou de segurança, higiene e saúde no trabalho), deve-se levar a cabo um verdadeiro

CAMINHO N.º 4 – EMPRESAS: MUDAR DE GESTÃO

aggiornamento. É verdade que será preciso tempo para estabelecer bons compromissos. Contudo, uma empresa dinâmica, eficiente em recursos materiais, inovadora e orientada para a produção de utilidade social será pouco exequível se os trabalhadores, tanto ao nível individual quanto coletivo, não se sentirem à vontade no seu papel, se não lhes for dada verdadeira autonomia e se a sua iniciativa não for realmente livre e tida como fator de dinamismo e renovação das práticas. É assim que a empresa se poderá libertar da ideologia do valor para o acionista.

Uma visão a longo prazo

Porque não ter hoje uma visão a longo prazo da evolução do nosso sistema económico? Precisamos, no século XXI, de manter a casta de famílias capitalistas, os Dassaults, os Peugeots, os Mulliezs, que não defenderam nem expandiram verdadeiramente o emprego e a produção em França? É preciso pensar noutros meios de financiar os projetos empresariais e a inovação. Por um lado, uma taxa elevada de tributação de benefícios permitiria alimentar um fundo de desenvolvimento duradouro, destinado a financiar parte importante destes projetos, que já não se fariam com objetivos de rendibilidade financeira, mas com objetivos decididos em função da sua utilidade social e compatíveis com o ambiente. Por outro lado, o sistema bancário público poderia pouco a pouco assumir participações no capital para favorecer esta evolução. Isso não deveria impedir este fundo, tal como os bancos públicos, de se associar a projetos inovadores conduzidos por empreendedores privados, que se inscreveriam nos objetivos da transição ecológica e social.

As nossas propostas

Refundar o direito comercial e das sociedades para instituir um verdadeiro poder de vigilância do conselho de administração nas decisões estratégicas das empresas.

Instaurar novos direitos para os trabalhadores e reforçar os meios (sobretudo os da Inspeção do Trabalho) que permitam garantir a sua aplicação.

Introduzir novos critérios de gestão que integrem exigências sociais e ambientais: um fundo de investimento público financiado por um imposto sobre os rendimentos das sociedades que permita orientar capitais para atividades produtivas de utilidade social.

Criar novos suportes a favor da economia social e solidária, mediante a criação de bancos regionais garantidos pelas autarquias locais.

CAMINHO N.º 5
SALÁRIOS ALTOS PARA SUSTENTAR
A ECONOMIA

Do ponto de vista neoliberal, o trabalho é uma mercadoria como qualquer outra. A redução de salários (ou das contribuições sociais) é a solução para o desemprego: ao tornar-se a mão de obra mais barata, incita-se os empregadores a contratarem. O salário mínimo e as legislações protetoras, pelo contrário, são considerados não só rígidos como também entraves à contratação.

Ademais, as políticas aplicadas na Zona Euro são justificadas pela ideia de que, sendo impossível a desvalorização monetária, os Estados-membros melhoram a sua competitividade graças à combinação de uma desvalorização interna (redução de salários e prestações sociais) e de reformas estruturais (desagravamento do direito laboral, maior flexibilidade do emprego).

Todavia, a aplicação desta orientação deu hoje origem a um resultado catastrófico: a Europa escorrega no sentido da deflação, condena grande parte da sua população ao desemprego, deteriora a qualidade do emprego e a situação dos trabalhadores. Este modelo está em crise.

Rompê-lo pressupõe, em particular, a revalorização dos salários.

Os impasses da moderação social

Desde os anos 80 que a parcela dos salários no valor acrescentado tem diminuído na maioria dos países da Europa. Isso explica-se não apenas por uma relação de forças desfavorável para os trabalhadores e por políticas de «moderação salarial» feitas em nome do combate ao desemprego por todos os governos. A base racional que justifica a viragem no sentido do rigor a partir dos anos 80 era a de que os lucros de hoje seriam os investimentos de amanhã e os empregos de depois de amanhã. Trinta anos depois, o desemprego encontra-se a níveis muito altos e as desigualdades aprofundaram-se, não só entre trabalhadores e detentores de capital, mas igualmente entre trabalhadores por conta de outrem.

É verdade que desde 2008 se degradou a margem bruta das empresas (a parte dos lucros no seu valor acrescentado). Os neoliberais veem nisso outro argumento para endurecer a austeridade salarial. Não é a evolução dos salários que está, pois, em causa: estes estagnam ou regridem com a subida do desemprego. Em contrapartida, a combinação da austeridade salarial com a austeridade orçamental enfraquece a procura, as empresas subutilizam a sua capacidade produtiva, reduzindo-a mais tarde, o que acaba por fazer diminuir as suas margens.

As desigualdades salariais aumentaram grandemente. Os salários do 1% dos trabalhadores mais bem pagos conheceram um aumento vertiginoso, pelo que recebem em média sete vezes o salário médio (ou onze vezes o salário mínimo). No fim da escala, o salário mínimo apanhou uma parte crescente dos trabalhadores.

A explicação liberal das desigualdades salariais e do desemprego dos trabalhadores não qualificados tem por base diferenças de produtividade. Os salários seriam determinados pela produtividade individual. A produtividade dos salários altos teria aumentado muito, enquanto o salário mínimo teria ultrapassado o dos trabalhadores não qualificados. Mas a produtividade não é uma característica individual! É óbvio que as competências dos indivíduos, associadas à sua educação e experiência, são diferentes. Mas não passam de condições de criação de valor. Esta criação de valor resulta fundamentalmente de um trabalho coletivo. Só se pode observar ao nível da empresa. A sua repartição entre os trabalhadores é, portanto, objeto de convenções e relações de força. Uma argumentação fundada nas diferenças de produtividade não consegue dar conta da disparidade de salários dos trabalhadores não qualificados no mundo, bem como da explosão dos rendimentos mais altos. Na verdade, ela provém da financeirização das empresas, poderosa forma de as «elites» (acionistas e gerentes) captarem parte cada vez maior do seu valor acrescentado.

Aprofunda-se a contradição entre, de um lado, uma organização do trabalho que requer cooperações cada vez mais fortes entre trabalhadores e, do outro, práticas de «gestão» que organizam, mesmo no seio das empresas e dos coletivos de trabalho, diferentes formas de concorrência entre trabalhadores. Esta tensão entre o caráter cada vez mais coletivo da produção de riqueza e formas cada vez mais individualizadas de reconhecimento deste trabalho atinge hoje níveis insuportáveis. É assim que a remuneração dos corretores e dos especuladores se tornou exorbitante, mesmo quando a sua principal atividade é organizar apostas sobre o valor desta produção coletiva.

Para dissipar a anomia (a desintegração das normas sociais) que grassa nas nossas sociedades, importa definir referências comuns, designadamente para os salários mínimo e máximo. É inaceitável que um trabalhador não tenha meios para satisfazer necessidades básicas. Também não se pode admitir que não haja um teto para as remunerações mais altas.

A lógica regressiva das isenções e da flexibilidade

A partir de 1993, sob pretexto de combater o desemprego dos menos qualificados, a França foi pioneira – prova de que se introduziram reformas radicais no nosso país – na isenção de contribuições sociais da entidade patronal nos salários baixos. No que respeita ao salário mínimo, a redução da taxa contributiva para o empregador atinge hoje os 28 pontos. Esta política extremamente dispendiosa (mais de 20 mil milhões de euros por ano) aprisiona os trabalhadores em empregos com salários baixos, sem

CAMINHO N.º 5 – SALÁRIOS ALTOS PARA SUSTENTAR A ECONOMIA

perspetivas de promoção. No total, cria pouco emprego: a maioria das empresas a que se aplica recebem ajudas para empregos que teriam sempre de criar; outras criam empregos precários mal pagos em detrimento de empresas mais preocupadas com a qualidade do emprego. Esta política não conseguiu combater o desemprego dos jovens e dos menos qualificados. Longe de aprender a lição deste fracasso, o CICE [10] e o pacto de responsabilidade amplificam estas isenções.

As medidas de flexibilização do emprego provocaram uma subida progressiva dos empregos atípicos: a tempo parcial, a prazo, trabalho temporário, com subvenção do Estado... O seu desenvolvimento aumentou a precaridade e a pobreza, sobretudo em jovens e mulheres não qualificadas. Também a Alemanha optou por criar empregos maioritariamente a tempo parcial. No Reino Unido, desenvolveram-se contratos «zero horas», sem duração de trabalho estabelecida, que permitem contratar trabalhadores à tarefa. Desenvolveram-se outros contratos com reduções por toda a Europa: os *minijobs* na Alemanha, os recibos verdes em Portugal... Hoje em dia, o emprego já não protege da pobreza.

As reformas neoliberais consistiram em baixar o subsídio de desemprego e o rendimento mínimo, para estimular

---

[10] Sigla de *crédit d'impôt pour la compétitivité et l'emploi* (crédito fiscal para a competitividade e emprego), introduzido em 2012 com o intuito de, por via de uma redução do custo do trabalho, dar às empresas margem para investir e inovar (*N. T.*).

os trabalhadores precários a aceitarem uma atividade, mesmo que muito mal paga. Isso conduz à precaridade e à pobreza laboral. É o caso em França do PPE[11] e do *RSA--activité*[12].

Em defesa dos salários altos

Os salários sustêm o consumo, logo, a procura dirigida às empresas, a atividade económica e o nível de emprego. A procura de uma cadeia económica favorável passa pela revalorização regular dos salários e do salário mínimo, bem como por empregos estáveis que permitam fortalecer o consumo. Pelo contrário: o aprofundamento das desigualdades de rendimentos traduz-se num défice permanente da procura que faz colmatar a crescente financeirização, que culmina na crise financeira.

A economia mundial sofre de um problema de procura global. Na maioria dos países, os dirigentes defendem a subida dos salários. É o caso dos Estados Unidos da América (Barack Obama pronunciou-se sobre um aumento do

---

[11] Sigla de *prime pour l'emploi*, crédito fiscal relativo aos rendimentos auferidos, que visa reduzir o impacto da perda de subsídios para as pessoas que voltam a trabalhar (*N. T.*).

[12] O RSA (*Revenu de Solidarité Active*) substituiu o rendimento mínimo de inserção em França em 2009 e complementa os rendimentos de uma família de modo que atinjam o nível de rendimento mínimo garantido pelo Estado francês. O *RSA-activité* é um dos componentes deste rendimento (*N. T.*).

salário mínimo de 40%) e até da China (onde o salário mínimo aumentou muitíssimo nos últimos anos). Só a Europa insiste na austeridade salarial, mesmo que conheça um forte excedente comercial. A Europa precisa de um choque de repartição, de uma subida dos salários médios e baixos (e das prestações sociais), que deveria ser mais pronunciada nos países que acumulam excedentes (Alemanha, Áustria).

Fundamentalmente, a competitividade não passa pela redução do custo do trabalho e pela degradação da qualidade do emprego.

Ao contrário do que afirma a doxa dominante, o salário mínimo não é um obstáculo à competitividade. Participa na regulação dos salários, influencia as negociações coletivas. O seu aumento contribui para reduzir a pobreza e as desigualdades. O salário mínimo contribui para a coesão social e dentro de cada empresa.

A competitividade depende antes de mais do custo do capital, com um peso cada vez maior quando se têm em conta as exigências de rendibilidade financeira. Reduzir as distribuições excessivas de dividendos é uma prioridade. Para um país como a França, a competitividade a longo prazo depende sobretudo de fatores além do custo, como a qualidade dos produtos ou o seu caráter inovador. Deverá depender ainda, cada vez mais, da sua durabilidade e compatibilidade com exigências ecológicas. A qualidade, a durabilidade e o caráter inovador dos produtos estão associados à forma como os trabalhadores são tratados na sua empresa.

Para uma valorização das carreiras profissionais, prioridade ao contrato sem termo

A promoção de trabalhadores é, assim, um desafio económico crucial. Conviria, em particular, reduzir a dureza de determinados empregos e adotar progressões na carreira que garantissem que um trabalhador não seria afetado durante muito tempo a um cargo mais duro. Cada empresa (num fundo comum para as PME) deve elaborar planos de carreira que permitam, por exemplo, a um jovem que comece como auxiliar poder ascender a um cargo de chefia, de gerente de loja. Outra medida determinante seria instaurar uma «segurança profissional» que garantisse a manutenção dos direitos sociais dos trabalhadores quando mudam de empresa ou atravessem um período de desemprego. Em suma, importa desenvolver a capacidade «empregadora» das organizações, públicas e privadas, isto é, aprender a recrutar, a formar, a valorizar as qualidades individuais e coletivas, a propor progressões na carreira. Pressupõe também que se leve a sério a ideia de construir percursos profissionais que impliquem o empregador e a autarquia, em vez de estabelecer um imperativo que advém só da responsabilidade individual.

Que as empresas se preocupem em manter e desenvolver as qualificações dos seus trabalhadores, mais do que explorá-los ao máximo e mandá-los para o desemprego quando se tornam menos produtivos: eis um elemento de desenvolvimento económico da nação.

CAMINHO N.º 5 – SALÁRIOS ALTOS PARA SUSTENTAR A ECONOMIA

O principal fator de desigualdades de rendimentos laborais não é a retribuição por hora mas a duração do emprego ao ano. Importa, pois, estabilizar os empregos e a sua duração, restringindo o recurso a empregos atípicos a situações excecionais bem definidas e negociadas coletivamente. O contrato sem termo a tempo inteiro deve voltar a ser uma norma partilhada. Favorece a inscrição dos trabalhadores nos coletivos de trabalho e a estabilidade desses coletivos. Contribui para suportar o consumo e o investimento. Deve também limitar-se com rigor o recurso à subcontratação, pois fragmenta o emprego e faz nascer condições indignas quanto a estatuto, carreira, horários e, por vezes, até segurança. Em sentido contrário, a prática de «para-quedas dourados» deveria desaparecer, bem como os benefícios (pensões-chapéu[13]) reservados a determinada categoria de pessoal. Deveria reduzir-se a hierarquia dos trabalhadores em cada empresa (de 1 para 20, depois de 1 para 10 tendo por objetivo de 1 para 5) com tabelas salariais e convenções coletivas mais vinculativas, que estipulem diferenças salariais máximas e limitem a individualização de remunerações.

---

[13] Do francês *retraite-chapeau*, expressão informal pejorativa que designa as reformas milionárias obtidas através de planos de pensões privados, destinados apenas aos mais altos quadros e dirigentes (*N. T.*).

As nossas propostas

Reduzir as desigualdades de estatutos nas empresas mediante restrição do recurso à subcontratação, aos contratos a prazo, ao tempo parcial forçado.

Reduzir as desigualdades salariais nas empresas.

Alargar o campo de negociação coletiva obrigatória nas progressões de carreira.

Pôr em prática um programa europeu de revalorização dos salários médios e baixos (com maior aumento em países com excedentes comerciais), por via da generalização do salário mínimo.

CAMINHO N.º 6
O PLENO EMPREGO É POSSÍVEL: UMA PRIORIDADE PARA A POLÍTICA ECONÓMICA

«O pleno emprego é uma quimera», «só existiu excecionalmente e não vai voltar». Infelizmente, esta ideia é muito generalizada. Pensamos o contrário: que a sociedade não pode renunciar com dignidade ao pleno emprego e que ele é possível, se reorientarmos as nossas políticas económicas.

Até ao início dos anos 70, o pleno emprego era o objetivo central das políticas económicas. A sua manutenção reforçava a relação de forças a favor dos trabalhadores. Com a crise, o choque petrolífero e a desaceleração dos ganhos de produtividade, o conflito da partilha de valor acrescentado traduziu-se num aumento da inflação e numa partilha desfavorável pelos detentores de capital. No início dos anos 80, a contrarrevolução liberal assumiu como objetivo revitalizar o capitalismo, restaurar a parte do capital no valor acrescentado e reduzir a taxa de inflação. Os principais instrumentos desta restauração do poder das classes abastadas foram a redução do papel dos sindicatos e a instauração de uma política económica que tolera o desemprego em massa. Além disso, graças à mundialização comercial, o capital pôde pôr os trabalhadores de todo o mundo a concorrerem entre si. Muitos deles foram forçados a aceitar a redução do salário ou a degradação das condições laborais.

A crise financeira e as políticas de austeridade levadas a cabo desde 2010 agravaram esta situação. Em 2014, a França conta perto de 3,5 milhões de desempregados, correspondentes a mais de 10% da população ativa. Somam-se-lhes 1,5 milhões de pessoas em empregos muito precários, a tempo parcial forçado ou sem estímulo para procurar emprego. Dez milhões de pessoas encontram-se em situação de emprego desadequado no sentido da Organização Internacional do Trabalho (OIT)[14]. Na Zona Euro, o desemprego atinge mais de 26 milhões de pessoas, sendo 12% da população ativa. Ainda por cima, os jovens são os mais atingidos, o que é um enorme desperdício.

A estratégia de rutura que propomos tem dois objetivos: repor o pleno emprego, para que cada ativo possa encontrar um emprego satisfatório num período razoável, e melhorar

---

[14] Estimativa do coletivo Autres Chiffres du Chômage (ACDC). O emprego desadequado, no sentido da OIT, inclui os empregos com salários baixos, contratos precários (a prazo, temporários, de estágio e com subvenção do Estado), o subemprego (pessoas que declaram querer antes de mais trabalhar e pessoas que trabalham fora da sua área profissional) e trabalho perigoso para a saúde.

a qualidade dos empregos, quer ao nível dos estatutos, quer ao nível das condições laborais e remuneratórias.

O pleno emprego é possível

Mudar de lógica pressupõe pôr em curso uma política económica que não se resigne à situação criada pelo apuramento dos mercados. Globalmente, em 2014, a Zona Euro perdeu 10% do PIB em relação à tendência que tinha antes da crise. Recuperar estes 10 pontos garantiria uma redução em massa do desemprego. Mas é possível? Estão e os países europeus condenados ao crescimento lento?

Na verdade, é preciso distinguir três argumentos:

- o crescimento antes de 2007 era economicamente insustentável porque se fundava na financeirização e no endividamento (público ou privado). Isto justifica um choque de repartição e de desfinanceirização;

- no futuro, o crescimento será mais fraco devido a restrições demográficas e à desaceleração dos ganhos de produtividade. Mas, infelizmente, a França, que preservou um certo dinamismo demográfico, vai continuar a registar uma ligeira subida da sua população ativa. Quanto aos ganhos de produtividade, são difíceis de prever. Em inúmeros setores de serviços, são fracos ou dificilmente mensuráveis. Noutros desaceleraram graças à estagnação do crescimento, ela própria provocada pelas políticas de austeridade. Ora, o crescimento favorece os ganhos de produtividade. Este problema agravou-se com as políticas de emprego que privilegiam o desenvolvimento de postos de trabalho não qualificados. Seja como for, os fracos ganhos de produtividade tornam o crescimento mais rico em empregos, pelo que *a priori* facilita a redução do desemprego;

- com a restrição ecológica, é preciso diminuir determinados setores poluentes e consumidores de energia. Porém, esta restrição obriga a desenvolver atividades ricas em empregos e muitas vezes pouco deslocalizáveis (renovação do edificado, por exemplo).

Uma política de relançamento centrada na transição ecológica seria hoje menos onerosa, na medida em que o trabalho e o capital não são em grande medida aplicados. As taxas de juro são baixas. O objetivo deveria ser recuperar uma economia em ligeiro sobreaquecimento, com algumas tensões inflacionistas, e distanciar-se do modelo atual à beira da deflação.

A política de pleno emprego que propomos comporta três eixos: a reafetação produtiva e particularmente industrial, a redução do tempo de trabalho e o emprego público.

Combinar pleno emprego e reafetação produtiva

O fim das políticas de austeridade e a adoção de uma estratégia voluntarista de reconversão ecológica e social

CAMINHO N.º 6 – O PLENO EMPREGO É POSSÍVEL...

provocariam uma baixa significativa e duradoura do desemprego. As necessidades são imensas: transportes coletivos, construção e isolamento de habitações, renovação urbana, reconversão da agricultura para uma produção saudável, relocalização industrial com subida de gama e fabrico de produtos duráveis e de qualidade... O Estado deve assegurar às empresas industriais, como às de obras públicas, que levará a cabo esta política de modo resoluto, do lado da procura (comandos públicos, apoio à procura privada) e do lado da oferta (investigação, formação, auxílio à reconversão). O mesmo se aplica no setor dos serviços, muitas vezes com eficiência energética e ricos em empregos: existem inúmeras necessidades potenciais (educação, saúde, dependência) que é preciso tornar solventes, por vezes impulsionar, muitas vezes organizar (normas, marcas que favoreçam a qualidade dos empregos).

A dificuldade de os jovens encontrarem emprego explica-se quase exclusivamente pela situação macroeconómica: as empresas não contratam porque, considerando a debilidade da procura, não precisam de trabalhadores suplementares. O argumento dos jovens «mal formados» e que «não fizeram estágios que cheguem» é o mais falacioso. É só numa situação próxima do pleno emprego que as empresas podem ter dificuldade em contratar pessoal qualificado. E a experiência prova que não hesitam em contratar quem não corresponda às suas exigências, desistem de formá-los.

Retomar a redução do tempo de trabalho

A redução do tempo de trabalho é uma tendência secular: a duração do trabalho não para de baixar desde meados do século xx. A questão é saber de que forma opera e deve operar esta redução. A redução do tempo de trabalho pode traduzir-se na diminuição da duração semanal do trabalho de forma coletiva, mas também no desenvolvimento de tempos parciais restritos ou na saída do trabalho (desemprego, saída da vida ativa), ou seja, por uma redução individual e desigual. O desenvolvimento dos tempos parciais é um recuo, sentido sobretudo nas mulheres, por a redução coletiva do tempo de trabalho ser fonte de emancipação. Garante tanto melhor repartição da riqueza produzida quanto melhor repartição das horas trabalhadas entre todos. Em França, a adoção das 35 horas permitiu criar de 300 mil a mais de 500 mil empregos. Deveria ter criado ainda mais, se não tivesse sido acompanhada de uma anualização e de uma intensificação do trabalho que levou à degradação das condições laborais numa parte dos trabalhadores.

Numa sociedade próspera mais submetida a uma pesada restrição ecológica, podem encarar-se outras formas de redução do tempo de trabalho. Não é preciso tudo fazer para desenvolver o trabalho a tempo inteiro. Ao aceitar-se o aumento das contribuições sociais, é possível manter a reforma antecipada (60 anos para algumas pessoais ou 40 anos de descontos). É possível desenvolver o acesso a períodos longos de formação ou de reorientação, ou a anos sabáticos. É possível assumir tempo livre para pais (homens e mulheres) de crianças de tenra idade. É preciso ir mais longe? Instituir um rendimento de existência que permitisse a cada um de nós optar por não trabalhar? Não privilegiamos este caminho. Seria demasiado grande o risco de se desenvolver uma população inativa a viver na miséria. É preciso respeitar o princípio segundo o qual «cada um tem o dever do trabalho e o direito ao emprego», aplicando-o de forma cada vez mais flexível.

Desenvolver empregos públicos de que a sociedade precise

A terceira pista para garantir um pleno emprego de qualidade é a criação direta de empregos públicos. O setor público não é um setor estéril, que destruiria a riqueza sem a gerar. O aumento do número de funcionários não é sinónimo de má gestão, ao contrário do que assumem os ideólogos neoliberais. O emprego público é muitas vezes mais útil, mais valorizador do que o emprego privado: comparemos o professor ao publicitário, a educadora de infância ao corretor. É também menos dispendioso. Em França a criação de um milhão de empregos públicos equivaleria a cerca de 30 mil milhões (30 mil euros por emprego). As avaliações de benefícios gerais sobre os salários baixos resultam, na melhor das hipóteses, num custo médio de 40 mil euros por emprego (por vezes 80 mil euros), para empregos muitas vezes precários e sempre mal pagos.

Necessidades não faltam: serviço público para a primeira infância, apoio a idosos e dependentes, animação de atividades extracurriculares, formação... Em inúmeros domínios (médicos, dentistas, advogados, notários, oficiais de justiça), os centros de saúde ou serviços municipais poderiam fornecer um serviço de qualidade a preços bastante mais baixos do que as profissões liberais que hoje existem.

Uma outra componente do emprego público é a ação do Estado, mas também a de autarquias locais e associações reconhecidas como «empregadores de último recurso». Numa política com estes empregadores, o poder público começa por fornecer emprego a tempo inteiro a todos os que estão prontos a trabalhar por uma remuneração equivalente ao salário mínimo e eventualmente com um salário mais elevado, em função das qualificações exigidas para os empregos propostos. Trata-se de dar a mão a esses desempregados e de lhes criar empregos adaptados e de qualidade, em setores socialmente úteis e nos quais seja precisa muita mão de obra: apoio a idosos e doentes, melhoria da vida urbana (espaços verdes, mediação social, recuperação de edifícios), ambiente, animação em meio escolar, atividades artísticas, animação de tempos livres... Uma política de empregador de último recurso dá emprego aos que o setor privado não contrata, devido à conjuntura ou a características pessoais (muito velhas, pouco qualificadas). Esta política permitiria satisfazer necessidades que poderiam ser então assumidas pelo serviço público ou por empregadores privados, ou ainda por formas sociais inovadoras («comuns» produtivos).

É preciso sair do paradigma neoliberal absurdo que faz dos juros a dez anos ou do rácio da dívida pública objetivo final das políticas económicas. Deve reposicionar-se o pleno emprego no centro das estratégicas económicas.

As nossas propostas

Tornar o pleno emprego de qualidade objetivo primário da política económica.

Favorecer o emprego mediante reafetação produtiva.

Prosseguir a redução do tempo de trabalho.

Retomar a criação de empregos públicos e associativos para responder a necessidades sociais.

CAMINHO N.º 7
REABILITAR A DESPESA PÚBLICA

«A despesa pública é improdutiva», «sufoca o dinamismo das empresas», «é preciso reduzi-la para recuperar o crescimento»: estas ideias falsas estão muito difundidas no debate público. Argumentos não faltam: esta despesa satisfaz uma parte considerável, e muitas vezes subestimada, das necessidades das famílias; reduz muitíssimo as desigualdades; o setor público contribui para o PIB, cria empregos socialmente úteis.

A despesa pública: de que falamos?

A despesa pública representa em França 57% do PIB (1208 milhões de euros num PIB de 2114 milhões em 2013). Contudo, não significa, de modo algum, que só sobram 43% para despesas ou atividades privadas. Por comparação com o PIB, comparamos a despesa pública a uma grandeza familiar. Não é uma comparação totalmente infundada. Mas não é preciso desprezá-la: ela não faz parte do PIB.

NOVO MANIFESTO DOS ECONOMISTAS ATERRADOS

As prestações sociais constituem a maior parte da despesa pública e são sobretudo elas que tendem a aumentar. Trata-se sobretudo da reforma, de abonos de família e de subsídios de desemprego (prestações sociais ditas «em dinheiro», 420 mil milhões, correspondente a 20% do PIB). Trata-se também de reembolsos de medicamentos e de consultas de medicina privada, assistência a crianças (as «transferências sociais em espécie de produtos comerciais», 125 mil milhões, correspondente a 6%). São financiadas por contribuições sociais e pelas suas extensões (como a CSG[15]). Destinam-se às famílias e financiam as suas despesas pelas empresas privadas. Assim, o pensionista que paga o cabeleireiro ou os pais que usam a ARS[16] fazem-no graças a despesa pública. Em suma, os «encargos sociais», assim decididamente mal designados, são também um rendimento para as famílias, um rendimento que beneficia grandemente o privado.

A despesa pública serve também para pagar serviços públicos não concorrenciais. Segundo os economistas dominantes, os funcionários públicos seriam empregados improdutivos financiados por uma imposição ao privado, o único produtivo aos olhos deles. Os funcionários produ-

---

[15] A CSG (*Contribution Sociale Généralisée*) é um imposto que abrange a totalidade dos rendimentos dos cidadãos, e não só os rendimentos de atividade (como as contribuições sociais), financiando igualmente a segurança social (*N. T.*).

[16] A ARS (*allocation de rentrée scolaire*) é um abono dado às famílias, dependendo dos seus rendimentos, para ajudar a financiar as despesas de entrada dos estudantes no início de cada ano escolar (*N. T.*).

CAMINHO N.º 7 – REABILITAR A DESPESA PÚBLICA

zem serviços úteis (educação, cuidados hospitalares) que têm um valor monetário compatibilizado no PIB. O valor acrescentado das administrações ascende a 355 mil milhões (17% do PIB). Num certo sentido é pouco: seria sem dúvida preciso aumentá-lo para satisfazer inúmeras necessidades (educação, saúde, investigação, cultura). Mas está longe de ser negligenciável: equivale a um terço do valor acrescentado para as sociedades não financeiras.

Não se paga para andar no passeio nem para entrar na escola. Assim a produção de administrações públicas é essencialmente não transacionável. Porém, se o seu acesso é gratuito para os utilizadores, um serviço público não é gratuito. É mesmo preciso pagá-lo, como toda a produção. É função do imposto que garante o pagamento coletivo do produto não transacionável, o qual não se subtrai ao produto transacionável mas se lhe acrescenta. No fundo o imposto que serve para pagar serviços públicos garante a mesma função (pagar uma produção) que o preço comercial do café ou do pão. Um professor contribui para o PIB produzindo um serviço de ensino que o aluno consome.

Encontramos os serviços públicos produzidos no consumo: o consumo de serviços individualizáveis de que beneficiam os cidadãos (educação, hospitais públicos, cultura, creches) e coletivos (administração geral, polícia, justiça, forças armadas).

O peso das despesas gerais de funcionamento (polícia, justiça, forças armadas, serviço tributário) comparado com o PIB é praticamente idêntico em todos os países desenvolvidos. O elevado nível de despesa pública francesa provém unicamente das prestações sociais ou das despesas de que beneficiam diretamente as famílias. A França é um dos países com o índice de pobreza em pensionistas mais baixo de todo o mundo; os pensionistas têm praticamente o mesmo nível de vida da população ativa. Deveríamos orgulhar-nos disso. Temos mais 50% de crianças do que a Alemanha: é preciso educá-las, e isso tem um custo.

Uma despesa fonte de justiça e de eficácia

A despesa pública sustenta as saídas em massa, as quais determinam – a oferta não poderia existir sem procura – o nível da produção. Em França, como em todos os países desenvolvidos, 80% das saídas advêm do consumo (o resto do investimento ou do comércio exterior). O que encontramos aí? De um lado, o consumo individual (educação, hospitais, medicamentos, correspondente a 329 mil milhões) e coletivo (justiça, polícia, 181 mil milhões) adotado pelas administrações. Do outro, a despesa do consumo final das famílias, o que pagam diretamente (1126 milhões). Mas parte importante desta é permitida pelas prestações sociais em espécie, como reformas ou abonos de família. Se assumirmos que se poupam 15% destas prestações – estimativa por excesso –, totalizamos 360 mil milhões de despesas. No final de contas, a despesa pública sustenta metade do consumo (na ordem dos 870 mil milhões sobre 1680 milhões). Também os investimentos públicos (86 mil milhões, 4% do PIB), os dos edifícios e obras públicas,

CAMINHO N.º 7 – REABILITAR A DESPESA PÚBLICA

por exemplo, contribuem para a atividade deste setor, logo para os rendimentos do setor privado.

Assim, a redução da despesa pública tem obrigatoriamente efeitos depressivos no PIB[17]. Em período de recessão e de deflação latentes como o que se vive em França e na Europa, a redução da despesa pública gera um círculo vicioso: redução da atividade pública *e* privada, desemprego, redução da procura, do consumo e do investimento...

Em alguns países, a despesa pública é mais fraca. Optaram por recorrer primeiro ao privado para a saúde e pensões. No fim de cada mês, as empresas pagam menos «despesas» sociais, mas pagam mais despesas privadas, isto é, contribuições para seguros privados e fundos de pensões. Portam-se estes países melhor? Nos Estados Unidos da América a esperança de vida à nascença é inferior em dois anos e meio à registada em França, ao passo que as despesas de saúde são globalmente superiores (17,9% do PIB contra 11,7%); algumas empresas são fragilizadas pelo peso das suas despesas de pensões (como foi o caso da Chrysler).

---

[17] Durante os Trinta Gloriosos, a despesa pública por comparação com o PIB pouco aumentou: de 37% em 1959 a 40% em 1974. Não significa isso que não aumentava. Pelo contrário, crescia grandemente, bem como os salários líquidos. Permitia alicerçar a procura e, portanto, o PIB. Assim acabamos por encontrar o protagonismo do denominador: um rácio da despesa pública e do PIB relativamente estável.

A despesa pública sustenta a atividade, mas tem também um grande papel na coesão social e na redução das desigualdades. Em França, os 20% mais ricos têm 8,6 vezes mais rendimentos primários (salários, rendimentos patrimoniais) do que os 20% mais pobres. A folga dos impostos diretos (particularmente do imposto sobre o rendimento) e das contribuições reduz esta diferença para 6,8. Bastante mais do que as tributações, é por via da despesa pública que se reduzem as desigualdades. A diferença reduz-se enfim a 3,1 graças às prestações sociais e aos serviços públicos.

Reabilitar a despesa pública

Amanhã é preciso mais, e não menos, despesa pública: passa por aumentar as prestações atribuídas às famílias (porque 20% das crianças vivem na pobreza, contra 14% da generalidade da população), reformular os horários escolares, subir as bolsas escolares e universitárias, reforçar o orçamento das universidades, criar um subsídio de integração para jovens dos 18 aos 25 anos que procuram o primeiro emprego. Amanhã o crescimento das necessidades será na educação, na saúde, na prestação de cuidados a idosos e dependentes. São esses os domínios nos quais a intervenção pública é mais eficaz do que o mercado. Estima-se que o investimento destinado só a iniciar a transição energética seja de 3% do PIB por ano.

Para poder ser reabilitada, é claro que se deve utilizar a despesa pública com discernimento. Pode por vezes

CAMINHO N.º 7 – REABILITAR A DESPESA PÚBLICA

– é ainda o caso em alguns países – ser sinónimo de corrupção, de peculato, de desperdício, de despesas excessivas e inúteis. Para que seja útil e gerida com eficácia, a despesa pública deve ser objeto de avaliações pelas entidades por ela responsáveis (Assembleia Nacional, Tribunal de Contas, câmaras regionais de contas), as quais devem associar mais estreitamente os cidadãos e as suas associações (sindicatos, associações de utilizadores). Desde há mais de vinte anos que infelizmente se desenvolveu toda uma outra cultura de avaliação. Em vez de procurar melhorar a qualidade do serviço público prestado, de considerar a despesa pública como um recurso que melhora o bem-estar de pensionistas, doentes e famílias ou que garante o desenvolvimento dos países a longo prazo graças à educação e à investigação, reduzimo-la a uma simples carga. Em vez de mobilizar funcionários e cidadãos para que juntos cumpram melhor as missões de interesse geral, tornamo-los inseguros e pomos uns contra os outros.

É tempo de reabilitar a despesa pública e de a gerir de forma diferente.

As nossas propostas

Aumentar a despesa pública para responder às inúmeras necessidades sociais (em particular hospitais, educação, investigação, habitação social).

Repensar a despesa pública associando os cidadãos à sua avaliação e gestão.

Aumentar os orçamentos nacionais e europeu – este deveria ser duplicado no período de um mandato e atingir 2% do PIB – para financiar a transição ecológica. Exigir um relançamento da atividade no sentido dessa transição ecológica.

CAMINHO N.º 8
UMA FISCALIDADE SOLIDÁRIA E ECOLÓGICA

O discurso habitual defende sempre a descida de impostos. Tem em vista orientar o debate público e a raiva social no sentido da «pressão fiscal excessiva», ocultando as verdadeiras causas do empobrecimento social: a crise, a austeridade social, o poder das grandes empresas e da finança, o aprofundamento das desigualdades de rendimentos e de património. O neoliberalismo organizou assim o descalabro das finanças públicas graças à redução da progressividade do imposto sobre o rendimento, pela importância dada aos impostos proporcionais como o IVA e a CSG, pela orientação para uma fiscalidade local, bem como pela progressiva erosão das contribuições sociais, consideradas despesas pelas empresas. O objetivo fundamental é limitar o perímetro de intervenção pública e de proteção social.

É indispensável reabilitar os impostos. Cada um acha legítimo pagar a sua comida. Deve ser absolutamente óbvio que convém pagar impostos e contribuições para educar os nossos filhos, cuidarmos de nós, para vivermos juntos, fazermos os pensionistas viverem com dignidade, construirmos uma sociedade. Mas, para que seja socialmente admissível, a fiscalidade deve ser justa e eficiente.

Para uma fiscalidade solidária e ecológica

Numa sociedade solidária e ecológica, a fiscalidade é fundamental para atingir três objetivos.

Pagar a despesa pública

Deve-se garantir socialmente parte importante das necessidades das famílias: saúde, educação, reforma, subsídio de desemprego, prestação de cuidados a bebés, ajuda aos mais pobres. É preciso financiar os transportes públicos, a habitação social, a cultura, o desporto e, cada vez mais, a reconversão ecológica e a transição energética. Em todos estes domínios, a intervenção pública é mais justa e mais eficaz do que o mercado.

Redistribuir os rendimentos

A hierarquia inicial dos rendimentos não é satisfatória. Há quem, por herança ou predação, tenha rendimentos excessivos; outros, por circunstância do nascimento ou agruras da vida, vivem na miséria. Nos últimos anos, aumentaram as desigualdades de rendimentos e patrimoniais. Os impostos, em conjunto com as prestações sociais, devem contribuir para reduzir as desigualdades. Os mais ricos tem maior capacidade contributiva e lucram ainda mais com a organização social e certas despesas públicas; é legítimo que paguem esse preço. É verdade que o ideal seria que a repartição inicial dos rendimentos fosse mais igualitária e que se reduzisse a hierarquia dos salários nas empresas. Enquanto não for esse o caso, é pela fiscalidade que se podem reduzir as desigualdades.

Estimular comportamentos socialmente úteis (economias de energia) e ajudar determinados setores (imprensa, livro)
A fiscalidade deve desencorajar os comportamentos socialmente dispendiosos das famílias (consumo de tabaco ou álcool) e empresas (atividades poluentes, transportes inúteis de mercadorias, licenciamentos).

Nos últimos anos, a fiscalidade enfraqueceu-se graças à mundialização e à liberdade de circulação de capitais. Assim, as empresas multinacionais e os contribuintes mais ricos podem escolher o local onde são tributados; os Estados lançaram-se numa dispendiosa concorrência fiscal para os manter ou atrair. A Europa deve promover um modelo social no qual os impostos progressivos financiam um nível elevado de despesa pública. A França e a Europa devem recusar a lógica da concorrência fiscal e suprimir todos os dispositivos que permitem escapar aos impostos.

Para uma fiscalidade mais justa das famílias

Devem ser tributados todos os rendimentos das famílias. Sendo o mais justo e o mais progressivo, deve ganhar importância o imposto sobre o rendimento. Deve-se reforçar a sua progressividade aplicando a taxa de 45% a partir de um rendimento de 100 mil euros e criando escalões suplementares 50% e 60%.

Devem manter-se os dispositivos que tomam em linha de conta a situação particular da família (dimensão da família, invalidez, dependência) ou encargos efetivamente suportados (pensões de alimentos, donativos, contribuições sindicais), mas devem suprimir-se as despesas fiscais (ou «nichos fiscais», na linguagem corrente) e as medidas derrogatórias. Algumas devem ser substituídas por subsídios. Por exemplo, um serviço público da primeira infância deve assegurar os cuidados dos bebés sem encargos financeiros para os pais. As ajudas ao investimento no arrendamento devem ser substituídas por subsídios para a habitação social.

Os impostos sociais pesam demasiado nos mais pobres e devem ser diminuídos. Deve reduzir-se o IVA isentando os serviços de transporte público e reduzindo a taxa máxima.

As desigualdades patrimoniais cresceram muitíssimo nas três últimas décadas. Deve-se aumentar os direitos de sucessão e sobre doações. O produto desse aumento permitiria financiar a escolarização de crianças das classes mais baixas. O aprofundamento das desigualdades salariais nas empresas prejudica o trabalho coletivo; é possível institucionalizar a tributação de 75% em salários exorbitantes, aplicando-a a partir do momento em que uma remuneração seja equivalente a 20 vezes o salário mínimo e alargá-la às pensões-chapéu.

CAMINHO N.º 8 – UMA FISCALIDADE SOLIDÁRIA E ECOLÓGICA

Todos os rendimentos de capitais devem ser taxados. É preciso suprimir-se os dispositivos de isenção (planos--poupança com ações, seguros de vida) e os que permitem aos mais ricos escapar ao imposto sobre mais-valias.

Refundar a fiscalidade local

A França tem um elevado nível de impostos locais. Arcaicos e pouco progressivos, provocam maior desigualdade do que os nacionais; os ricos pagam pouco nos municípios ricos, e os pobres pagam muito nos municípios pobres. Tanto no plano da eficácia quanto no da justiça social, é preciso inverter a evolução recente que reduziu o peso do imposto sobre o rendimento no lucro das taxas locais. A descentralização aumenta as despesas das autarquias locais, o que aumenta o risco de maior agravamento das disparidades.

É necessário reduzir o imposto sobre a habitação e criar um suplemento ao imposto sobre o rendimento, no qual o produto será redistribuído pelas autarquias locais com base nas suas necessidades (população, crianças a escolarizar, pessoas em dificuldades).

Combater verdadeiramente a evasão e a fraude fiscais

O custo anual da fraude fiscal é importante. O Parlamento Europeu avaliou-o em mil milhões de euros para a União Europeia; as estimativas para a França são na ordem dos 60 a 80 mil milhões, a quase totalidade do défice público de 2013. A França deveria impor aos franceses que residem no estrangeiro, como fazem os Estados Unidos da América para os seus cidadãos, a entrega de uma declaração de rendimentos e de património ao fisco francês e o pagamento da diferença entre os impostos devidos, segundo a legislação francesa, e os impostos efetivamente pagos. É preciso fazer crescer o combate contra a fraude e a evasão fiscais. A França deve estabelecer uma lista rigorosa de paraísos fiscais e interditar os seus bancos e empresas de neles estabelecer filiais ou declarar benefícios, e propor essa lista aos seus parceiros europeus. A União Europeia deveria exigir aos países-membros a supressão de todos os mecanismos que permitem a otimização fiscal das grandes empresas multinacionais. Os acordos bilaterais de tributação com países com impostos baixos deveriam ser revistos.

Fazer as empresas contribuírem para o financiamento da despesa pública e avaliar a eficácia das ajudas públicas

Ao beneficiar os trabalhadores formados e de boa saúde, as infraestruturas públicas de qualidade, as empresas beneficiam grandemente da ação pública. É legítimo que contribuam para o seu financiamento. A França deve renovar o imposto sobre as sociedades, recorrendo a uma base de cálculo maior, de modo a taxar os juros a liquidar e os *royalties* (que, pagos no estrangeiro, permitem escapar

CAMINHO N.º 8 – UMA FISCALIDADE SOLIDÁRIA E ECOLÓGICA

ao imposto francês), desencorajando as distribuições excessivas de dividendos e tributando especificamente as empresas com taxas de lucro exorbitantes. Os liberais insistem na avaliação da despesa pública. Somos a favor: os apoios às empresas são hoje colossais, e a eficácia de alguns (o crédito ao imposto para despesas de investigação, as isenções generalizadas nos salários baixos) são claramente dúbias. Requer-se uma auditoria às empresas para verificar a sua eficácia. Também a Europa deve adotar uma verdadeira tributação das transações financeiras para desencorajar a especulação.

Esta nova fiscalidade, mais justa e mais simples, vai suprimir as atividades parasitárias de desagravamento. Reduzirá as desigualdades baixando parte do défice público com recurso a rendimentos habitualmente poupados. Reposta a progressividade do imposto, as empresas vão deixar de distribuir dividendos onerosos ou «salários» excessivos a uma pequena corte de dirigentes, pois estes benefícios seriam imediatamente tributados.

Eis o que deve ser uma verdadeira reforma fiscal!

As nossas propostas

Reafirmar o princípio republicano segundo o qual cada família deve pagar impostos sobre a totalidade do rendimento, de acordo com as suas capacidades contributivas.

Tornar mais progressiva a fiscalidade das empresas e das famílias.

Desmantelar sistematicamente todos os mecanismos de otimização fiscal das grandes empresas e das famílias abastadas.

Desenvolver a fiscalidade por incentivos: taxar as atividades nocivas (poluição, especulação), incitar às economias de energia.

CAMINHO N.º 9
PROTEÇÃO SOCIAL: CONTRIBUAMOS PARA O BOM HUMOR

«O buraco da Segurança Social é abissal», «os jovens pagam para nada, não vão ter direito a reforma»: há uma legião de propostas catastrofistas. As seguradoras privadas esfregam as mãos: este discurso encoraja os que têm meios a virar-se para elas.

Contra este catastrofismo convém tomar a medida de «melhoria social» que permitiu e que ainda permite a proteção social. Este grande progresso do século xx ainda é viável? Não, respondem os liberais. Sim, respondemos nós, na condição de aceitar «contribuir para o bom humor»[18].

---

[18] Segundo a expressão de Jean-Paul Piriou, *Le Monde*, 9 de maio de 2003.

A proteção social (ainda) vai bem... mas há buracos na rede

Em França, as despesas de proteção social representam um terço do PIB. A missão do sistema de segurança social e salarial é proteger os trabalhadores das consequências económicas em caso de perda de emprego ou doença. Permite aos pensionistas beneficiarem de uma pensão pública que lhes assegure um nível de vida próximo do que tinham com o rendimento da sua atividade. Este sistema de segurança social é preenchido por prestações universais. O seguro de doença garante a cada um reembolso dos cuidados de saúde. As prestações familiares destinam-se a garantir às famílias um nível de vida próximo do das famílias sem filhos. Financiam em parte a guarda e a assistência de crianças muito jovens. Por último, há prestações que garantem um rendimento mínimo às famílias mais pobres.

O sistema de proteção social permite melhorar a situação da população. As suas condições de vida, nomeadamente a idade de reforma, são melhoradas de forma considerável. A população francesa encontra-se na sua globalidade bem abrangida. A proteção social pública é redistributiva: as prestações dependem de necessidades, ao passo que as contribuições dependem dos rendimentos. A redistribuição é, por sua vez, «vertical», entre ricos e pobres, e «horizontal», entre famílias sem filhos e famílias, indivíduos ativos e pensionistas, trabalhadores e desempregados...

Pelo contrário, a proteção privada exigiria a cada um que contribuísse em função dos seus riscos: as famílias

CAMINHO N.º 9 – PROTEÇÃO SOCIAL...

numerosas, os idosos ou os doentes deveriam pagar mais para serem abrangidos. Há riscos que não podem ser cobertos por seguros privados. Estes não estão em condições de fazer face a um choque de grande amplitude. Não podem garantir a indemnização da totalidade dos ativos em caso de desemprego em massa de longa duração. Não podem garantir um nível de pensão indexado a salários futuros, pois a pensão que resulta dos salários dependeria de rendimentos aleatórios dos mercados financeiros e da evolução da esperança de vida. É dispendiosa, pois a concorrência entre operadores acarreta custos colossais de gestão (entre 30% e 40% para os seguros de saúde privados norte-americanos, menos de 5% para a Segurança Social em França).

A proteção social pública é fonte de eficiência económica, pois contribui para sustentar em massa o rendimento das famílias, a fornecer às empresas mão de obra disponível, bem formada, de boa saúde. Mas há espaço para melhorias, pois existem buracos na rede. Os jovens e os pobres, em particular, estão mal cobertos: 35% das famílias monoparentais vivem abaixo do limiar mínimo da pobreza. A sociedade despende muito pouco não só pelo desemprego mas também pela pobreza (o RSA, por exemplo, custa menos de 1% do PIB). E as políticas dos últimos trinta anos não pararam de desfazer o que funcionava bastante bem, de fragilizar o financiamento para melhor reduzir as prestações sociais, com o argumento do «buraco da Segurança Social» que elas próprias tinham acabado de criar.

O grande retrocesso

O neoliberalismo procura reduzir o campo da proteção social por três razões.

A primeira considera a desconfiança do pensamento liberal face à proteção social: ao reduzir as desigualdades de rendimentos, a proteção social desencorajaria o trabalho. Assim, a «modernização da proteção social» pretendida pela Comissão Europeia procura que o subsídio de desemprego e o rendimento social «incitem ao emprego», e que a reforma das pensões leve a adiar a idade de reforma. A coberto da responsabilização e da incitação ao trabalho, reduzir-se-iam os subsídios de desemprego, de invalidez, para mães solteiras. É essa a astúcia e o cinismo do neoliberalismo, que reclama a redução das prestações em período de desemprego em massa, quando o que falta são empregos e não vontade de trabalhar.

A segunda razão resulta do ataque patronal às contribuições sociais, acusadas de aumentar indiscriminadamente o custo do trabalho e de impedir a criação de emprego. Esquece-se que estas contribuições são uma forma de salário indireto. Os «encargos sociais», assim designados erradamente, financiam a proteção social. Reduzir as contribuições é, pois, reduzir de forma mecânica o nível de vida das famílias. É impor aos trabalhadores uma proteção menor ou pagar cada vez mais para ter direito a proteção.

A terceira e última razão é que a proteção social desperta a cobiça das seguradoras privadas, que querem tomar para

CAMINHO N.º 9 – PROTEÇÃO SOCIAL...

si o mais rendível: a proteção em caso de doença e a pensão dos trabalhadores das grandes empresas. As seguradoras privadas poderiam garantir a esses trabalhadores tarifas competitivas, pois não teriam de se responsabilizar nem pelos pensionistas atuais nem por quem tem problemas de saúde nem pelos trabalhadores precários. Teriam assim ao seu dispor fundos importantes, que poderiam investir livremente recebendo comissões.

O grande futuro das prestações sociais

Sim, é preciso garantir um nível de vida satisfatório às crianças. Isso consegue-se através de prestações familiares, universais, mas também de prestações especiais para famílias carenciadas. Consegue-se também pela gratuitidade do serviço público para os mais jovens e por atividades extracurriculares.

Sim, num contexto de desemprego em massa, é preciso prolongar a duração da indemnização, tendo em conta o nível e a duração do desemprego. O desemprego não advém de os jovens e desempregados não quererem trabalhar, mas de um desequilíbrio macroeconómico.

Sim, deve-se revalorizar o rendimento mínimo e a sua evolução deve ser indexada à do salário médio. O *RSA-activité*, um fracasso com dois terços de não-recursos, deve ser repensado. É o salário mínimo que deve garantir o reconhecimento e a remuneração do trabalho (e não o RSA, prémio para o emprego ou isenção de contribuição de trabalhado-

NOVO MANIFESTO DOS ECONOMISTAS ATERRADOS

res); e é preciso ajudar as famílias carenciadas com filhos, estejam os pais desempregados ou em situação precária.

Sim, é preciso manter um sistema público de pensões que garanta aos pensionistas um nível de vida próximo do nível da população ativa e complementá-lo com um sistema público alargado de apoio da dependência. Na sociedade sóbria e ecologista do amanhã, já não será a produção comercial o imperativo que é preciso maximizar a todo o custo. Poderá atribuir-se a pensão completa após 40 anos de contribuições, os anos de trabalhos duros contando como cinco trimestres. Será possível a quem assim o queira trabalhar mais tempo, mas sem adquirir direitos suplementares de reforma.

Sim, é preciso restaurar a universalidade do seguro de doença. Todos os cuidados necessários devem ser reembolsados, as economias abertas a uma gestão rigorosa, que visa reduzir os custos induzidos pelo contágio do liberalismo. Isso pressupõe controlar os rendimentos dos profissionais de saúde, combater o excesso de honorários, a intrusão do capitalismo nos laboratórios e nas clínicas, e vigiar a relação custo/benefício dos medicamentos. Pode-se reconstruir e sistematizar a prevenção, pode-se desenvolver alternativas ao exercício liberal da medicina, nomeadamente, em centros de saúde municipais ou profissionais.

Os liberais defenderam sempre que a proteção social não era «viável». A História provou que estavam errados. Graças ao progresso social, com a proteção social no seu âmago, a esperança de vida aumentou consideravelmente durante o último século (de 50,5 anos em média em 1913 para

81,8 anos em 2013). O que era verdadeiro ontem sê-lo-á amanhã, pelo menos se as sociedades derem a si próprias os meios.

Que financiamento?

É legítimo que as empresas contribuam para a proteção social. Permite-lhes beneficiar de mão de obra disponível, que se renova (em parte graças às prestações sociais) e se encontra de boa saúde (graças ao seguro de saúde). Para a contribuição, as empresas fazem-no para a manutenção dos trabalhadores que empregam. Reduzir estas contribuições significa desviá-las dessa responsabilidade. O sistema público garante uma mutualização dos riscos útil às empresas. Evita o risco de agravamento da relação pensionistas/contribuintes que fragiliza determinadas empresas norte-americanas ou britânicas. Hoje em dia, as empresas que despedem, que pagam mais dividendos e menos salários do que as outras demitem-se de parte do financiamento da segurança social. Expandir o cálculo das contribuições sociais (aos lucros distribuídos sob forma de dividendos e mesmo à totalidade do seu valor acrescentado) permitiria fazer todas as empresas contribuir de forma mais equitativa.

É legítimo que as prestações sociais sejam indexadas aos salários. Os desempregados, as famílias, os pensionistas devem beneficiar do crescimento da mesma forma que os trabalhadores. É legítimo que todos os salários e todos os rendimentos do capital contribuam para financiar as prestações. Reduziram-se há pouco tempo os nichos sociais, mas eles ainda existem, como isenções de mais-valias transmitidas por morte ou doação. As isenções de contribuições dos empregadores no caso de salários baixos fragilizam o financiamento da segurança social. A essas isenções, junta-se ainda a promessa de o Estado suprimir as contribuições familiares dos empregadores. Os salários devem ser suficientemente elevados para suportar as contribuições dos trabalhadores. Devem considerar-se como subvenções eventuais isenções de contribuições dos empregadores e submetê-las a compromissos efetivos das empresas quanto a empregos, trabalhadores e formação de mão de obra.

Com o envelhecimento da população, os cuidados tendem a aumentar, o que vai exigir uma subida das contribuições sociais. Isto seria mais bem aceite como contrapartida de prestações garantidas, solidárias e de qualidade. Sim, é preciso dizer aos jovens que não contribuem para nada que têm e terão direito a cuidados médicos e a uma pensão pública, que as contribuições que pagam hoje, se tiverem oportunidade de trabalhar, são claramente mais baixas do que os prémios que teriam de pagar a uma seguradora.

As nossas propostas

Garantir o nível e a qualidade das prestações como contrapartida do aumento das contribuições. Deve-se continuar a aumentar a parcela do valor acrescentado para financiamento da proteção social.

Indexar a evolução das prestações sociais à dos salários, revalorizar as prestações que foram abandonadas nesta evolução. Revalorizar o rendimento mínimo e alargar a cobertura em caso de desemprego.

Lutar, ao nível europeu, para que a manutenção e o desenvolvimento do modelo social europeu seja um objetivo prioritário da União Europeia, para que as normas sociais tenham a mesma importância das normas económicas.

CAMINHO N.º 10
INDICADORES: CONTEMOS DE OUTRO MODO

As nossas sociedades estão numa encruzilhada. A crise social e ecológica exige que se questione os modelos de produção e de consumo. Convida-nos a reconsiderar a própria natureza da riqueza. Os objetivos, as prioridades das nossas economias devem ser completamente revistos. Mudar de política económica implica, pois, mudar a nossa forma de contabilizar a riqueza e o valor atribuído às diferentes atividades. Pressupõe mobilizar novos indicadores.

As representações da realidade influenciam a própria realidade: contribuem para moldar as nossas conceções de bem-estar, tanto individual quanto coletivo, e a construir imaginários. Requer que o imaginário herdado do produtivismo e do consumismo, inerentes à acumulação capitalista, seja desconstruído, tornando a democracia o meio de definir quais as necessidades sociais prioritárias, em vez de deixar a responsabilidade de escolhas desta magnitude só ao mercado.

Enquanto menos desperdício houver, maior acesso gratuito a serviços básicos e respeito por equilíbrios ecológicos não implicarem menor bem-estar, os nossos indicadores não nos permitem considerar estes objetivos.

Sem deixar de ser um indicador indigno, o produto interno bruto (PIB), mesmo medindo apenas parte da atividade humana, tem qualidades. Mas não pode continuar a ser o indicador que guia as nossas economias. Mudar de imaginário pressupõe privilegiar a utilização de outros indicadores sociais e ambientais. Também se deve refundar a contabilidade das empresas se queremos levar a cabo a transição social e ecológica.

O PIB é um indicador útil mas parcial

O PIB é um indicador útil, mesmo sendo, como todos os indicadores, parcial. Permite saber quem produz valor acrescentado (sociedades não financeiras, mas também administrações públicas, empreendedores individuais, famílias), para que procura (consumo, investimento e exportações menos importações). O PIB não integra só a produção comercial, integra também a produção não comercial das administrações. É com base nele que se pode medir a partição salário/lucro, a sua evolução no tempo, a importância e natureza da despesa pública, logo das prestações sociais, e a importância e natureza dos impostos.

O PIB não considera as atividades voluntárias e domésticas. E ainda bem, sob risco de tornar tudo monetizável, tudo comercializável (até o voluntariado) e até de encorajar a manutenção de donas de casa. Se contabilizássemos as atividades domésticas no PIB, seria necessário considerar que geram um «rendimento implícito» que aumenta o rendimento das famílias: neste caso, porquê reivindicar para as mulheres um emprego com um salário real?

O PIB, como qualquer indicador estatístico, tem limitações, a principal talvez seja o facto de não considerar preocupações ecológicas. Assim, as produções que advêm da reparação de danos ambientais – por exemplo, cuidados de saúde decorrentes de dificuldades respiratórias provocadas pela poluição – aumentam o PIB. A contabilidade nacional tem razão em assim proceder, pois a vocação do PIB é medir o conjunto das produções monetárias. Mas isso mostra bem que é importante utilizar outros indicadores em simultâneo para reorientar a produção e os investimentos.

Por conseguinte, não se pode considerar a taxa de crescimento anual do PIB como fim último da política económica. A natureza da produção, a manutenção dos equilíbrios sociais e ecológicos devem ser mais bem avaliados para fornecer sinais e indicadores necessários à bifurcação das sociedades em novos modos de vida, de produção e consumo.

Para contrabalançar o PIB no debate público e na condução das políticas económicas, não é possível infelizmente contrapor um indicador único que integre em simultâneo as diversas exigências sociais (igualdade de rendimentos e situações, educação, saúde, nível e qualidade de vida, condições laborais) e ecológicas (gases com efeito de estufa, biodiversidade, diferentes tipos de poluição). Esse indicador sintético seria, por natureza, demasiado parcial e arbitrário: como estimar exigências tão diferentes?

NOVO MANIFESTO DOS ECONOMISTAS ATERRADOS

Assim sendo, o que fazer?

Já existem indicadores sociais e ambientais, muitíssimo melhorados nos últimos anos. Convém melhorá-los ainda mais. É preciso sobretudo, pois é esse o busílis, que a sociedade no seu conjunto os compreenda, que tome a nobre decisão política (as gerações futuras vão agradecer-nos) de lhes dar a importância que merecem. Isso diz respeito, em primeiro lugar, aos decisores políticos (instâncias internacionais, governos, executivos locais), mas também aos institutos de estatística (que devem reconsiderar as suas prioridades) e, por fim, aos atores sociais (empresas, sindicatos, associações).

Indicadores sociais

Os indicadores sociais já estão disponíveis, mas deve-se aumentar muito a sua visibilidade. Saber que o PIB subiu é uma coisa, mas é ainda mais importante saber se esse aumento foi acompanhado de um aprofundamento das desigualdades, se o crescimento só beneficiou alguns.

Já dispomos, ao nível internacional, de um grande número de indicadores, como o índice de desenvolvimento humano (IDH) produzido pelo Programa das Nações Unidas para o Desenvolvimento (PNUD), que integra, além do rendimento, aspetos associados à esperança de vida e à educação. O índice do desenvolvimento humano ajustado à desigualdade (IDHAD) colmata-o por considerar estes últimos.

CAMINHO N.º 10 – INDICADORES: CONTEMOS DE OUTRO MODO

Ao nível nacional, os índices são também inúmeros e podem ser melhorados. As desigualdades salariais devem ser apreendidas entre trabalho qualificado e não qualificado, entre homens e mulheres, entre setores, entre regiões. Deve também sublinhar-se as desigualdades no acesso à educação, à cultura, à saúde, à habitação e à esperança de vida.

Propomos que se publique trimestralmente um índice sintético das desigualdades de rendimentos, que se avalie cada medida de política social e fiscal considerando o efeito nesse índice. Será assim claro que uma política de redução de impostos, financiada por um aumento do IVA e pela desindexação das prestações sociais, aumenta as desigualdades.

Propomos que a nação adote objetivos precisos de redução das desigualdades segundo alguns indicadores centrais: taxa de pobreza, taxa de pobreza infantil, igualdade salarial homens/mulheres, igualdade da esperança de vida segundo a categoria socioprofissional, igualdade de acesso ao ensino secundário e a um diploma de ensino superior segundo a categoria socioprofissional dos pais.

Indicadores ecológicos

O capitalismo baseia-se por natureza numa lógica quantitativa: a da acumulação sem fim de riqueza, PIB sempre maior (ou mais precisamente o PIB comercial, pois ele abomina os serviços públicos – o PIB não comercial –, que lhe subtraem capacidade produtiva). A ecologia, pelo contrário, prima pelo qualitativo, pela qualidade de vida e do ambiente, o que implica que algumas produções decaiam rapidamente e que se estimulem outras (edifícios com eficiência energética, transportes públicos, agricultura saudável).

Os atentados ambientais tornaram-se preocupantes, sem que mesmo assim se tenham infletido suficientemente as políticas públicas e ainda menos as estratégias das grandes empresas. Convém estabelecer novos indicadores e melhorar a pegada ecológica das atividades humanas, o seu efeito ecológico em geral, tanto à escala mundial quanto local, bem como a qualidade do ar e da água. É igualmente importante medir a evolução e a repartição de recursos não renováveis (nomeadamente haliêuticos e minerais).

Já existem indicadores preciosos. É o caso, por exemplo, do balanço de carbono publicado pela Agência do Ambiente e do Controlo da Energia (ADEME). Também se realizaram experiências locais promissoras. A título de exemplo, podemos citar o grupo de trabalho sobre os índices de desenvolvimento sustentável do Conselho Regional do Norte – Pas-de-Calais ou os trabalhos da Assembleia de Conselhos Económicos, Sociais e Ambientais Regionais (CESER) sobre as experiências em curso, que mostram a possibilidade concreta de infletir o desenvolvimento no sentido de uma melhor sustentabilidade, de maior respeito pelo ambiente.

Propomos, pois, que a nação adote também nesta área objetivos precisos quanto a gases com efeito de estufa (incorporando avaliações de prejuízos provocados pela produção de bens importados), a situação da biodiversidade, a qualidade do ar e da água, a contribuição da França para o esgotamento de recursos não renováveis.

Refundar a contabilidade das empresas

Melhorar, aperfeiçoar os índices ecológicos e sociais é uma necessidade. Mobilizá-los de forma eficaz é outra necessidade ainda mais importante. Que interesse teriam estes indicadores se as empresas continuarem a funcionar, a estabelecer a sua contabilidade sem mudar nada?

A bifurcação para modos de vida, de produção e de consumo sustentáveis a longo prazo não vai ocorrer sem transformar o funcionamento das empresas.

A maior importância dada ao tema da responsabilidade social e ambiental demonstra que, neste caso, mudaram-se os tempos. Contudo, quando confiada só às empresas, a responsabilidade social e ambiental transforma-se em geração de valor, desprovida de todo o âmbito transformador ou, pior, como mais uma justificação das mais nefastas práticas (produtos financeiros especulativos «classificados»).

Mudar o comportamento das empresas é um imperativo social e ecológico. Implica repensar a própria forma de elaborar as suas contas.

A contabilidade das empresas encontra-se hoje orientada para a maximização do lucro. Com o neoliberalismo, reforçou-se esta tendência: as novas normas contabilísticas avaliam os ativos de uma empresa ao «valor de mercado», considerado de forma imprópria o «preço justo», ao passo que ela é determinada pelas antecipações flutuantes dos especuladores nos mercados financeiros.

As novas normas contabilísticas reforçaram a tendência especulativa dos investimentos, a tendência exclusiva para a subida de cotações em bolsa, com recurso à prática altamente nociva que é o resgate de ações (a empresa resgata as suas próprias ações e destrói-as para satisfazer os acionistas aumentando assim o valor das ações que detém e a sua taxa de rendimento).

É preciso uma revisão de fundo:

- a avaliação dos ativos materiais e imateriais das empresas não deve estar associada às cotações em bolsa;
- o critério de gestão não pode continuar a ser exclusivamente o do lucro máximo, muito de curto prazo; devem estabelecer-se critérios de gestão que evidenciem a natureza dos investimentos, a sua localização, o impacto no volume e na qualidade do emprego, a resposta às necessidades das populações...;
- para que os danos ambientais não sejam «externalizados» pelas empresas, devem ser reinternalizados na sua contabilidade. O modo como as empresas contabilizam os seus ativos, o seu passivo, deve incluir preocupações ecológicas, ou seja, a evolução previsível do custo social da energia, das matérias-primas, da emissão de gases com efeito de estufa, do transporte e da fiscalidade ecológica.

As nossas propostas

Apresentar regularmente, ao lado do PIB, os indicadores de referência das desigualdades de rendimentos, o bem--estar social, bem como um indicador ecológico.

Conduzir as políticas públicas com recurso maior a indicadores sociais e ecológicos e menor à taxa de crescimento do PIB.

Exigir às empresas que mudem os seus critérios de gestão e apresentem indicadores de qualidade do emprego e de impacto ecológico.

CAMINHO N.º 11
A DÍVIDA PÚBLICA: PAREMOS DE DIABOLIZÁ-LA

Usa-se a dívida pública como pretexto para culpabilizar a população: «a dívida vai pesar nos nossos filhos», «o fardo da dívida paralisa-nos, absorve a totalidade do produto do imposto sobre o rendimento». Só haveria um meio de reduzi-la: cortar na despesa pública.

A dívida pública não é um mal em si mesmo

Nesta área não existe nenhuma exceção francesa. Com uma dívida pública de 93,5% do PIB em 2013, a França está na média da Zona Euro a um nível inferior ao dos EUA (104,5%) ou do Japão (244%).

Os liberais reclamam que representa 29 mil euros por pessoa; é, portanto, esse o valor que cada bebé herda quando nasce. É esquecer que essa dívida, calculada em bruto, não considera nem os ativos financeiros detidos pelas administrações (ações de empresas, por exemplo),

NOVO MANIFESTO DOS ECONOMISTAS ATERRADOS

nem os seus ativos reais (imobiliário, automóvel). Com eles, o saldo (o «valor líquido» das administrações) é positivo: 326 mil milhões de euros no fim de 2012, ou seja, cerca de 5 mil euros por pessoa. Não deixamos aos nossos filhos uma dívida mas um património público (sem falar do «não monetário»: educação, boa saúde).

O Estado não funciona como uma família. Decide os níveis da sua receita fixando os níveis dos impostos. Dado que uma família é obrigada a reembolsar as suas dívidas, o Estado, imortal, pode renovar a sua dívida em permanência, como aliás o fazem as grandes empresas. Nenhuma geração será obrigada ao reembolso brutal da totalidade da dívida pública. O Estado só deve zelar na medida em que o seu défice seja controlado (pois contribui para o equilíbrio económico) e em que a dívida se mantenha sustentável, pelo que os investidores não têm receio de não ser reembolsados.

Em França (como na maioria dos países industrializados), a dívida pública é inferior à privada (115% do PIB para famílias e empresas). Para os liberais, o endividamento privado é legítimo, pois permite às empresas produzirem riqueza. Mas as administrações públicas produzem assim riqueza (ver caminho n.º 7, respeitante à despesa pública). Logo, a dívida pública não é um mal em si mesmo: também ela permite sustentar a atividade, investir para o futuro.

É legítimo financiar os investimentos públicos, que serão utilizados durante muitos anos, pelo défice público. É essa, aliás, a verdadeira regra de ouro das finanças públicas. Em França justifica-se um défice na ordem dos 2,5% do

PIB numa situação conjuntural normal. O Estado não deve só preocupar-se com a sua própria situação financeira, mas também com o equilíbrio macroeconómico. Num contexto de recessão económica, em que as famílias poupam bastante com medo do amanhã, consomem pouco porque o nível de vida é mais baixo devido ao aumento do desemprego, em que as empresas investem pouco porque a procura é fraca, é legítimo ter um défice público mais importante do que o da regra de ouro.

É tudo perfeito no melhor dos mundos? Não, infelizmente a dívida pública é a doença do liberalismo.

Dívida pública, a doença do liberalismo

A crise aberta em 2007 agravou muitíssimo a dívida: foi preciso apoiar a banca, aplicar medidas de recuperação e sobretudo registar perdas de receitas fiscais. Em França, por exemplo, de 21% do PIB só em 1979, passou-se para 64% em 2006.

Foram quatro os fatores primordiais:

- o efeito da taxa de juro: a partir da década de 80 sob efeito das alterações de política económica, as taxas de juro reais (a taxa de juro menos a de inflação) aumentaram largamente nos países desenvolvidos, a inflação caiu, o crescimento desacelerou. Só em 1997 foram muito mais elevadas do que a taxa de crescimento; assim, a dívida pública fez nascer uma bola de neve. O elevado nível das taxas de juro também pesou na procura, obrigando o Estado a manter um défice alto;

- a financeirização: em França, os meios dirigentes quiseram fazer de Paris uma grande praça financeira. Felizmente não o conseguiram totalmente. Preservámos um sistema gozado por ser «arcaico» mas feliz no fim: a pensão por repartição mais do que os fundos de pensões, a habitação social mais do que os créditos à habitação de alto risco. Contudo, a financeirização da dívida pública fazia parte do seu plano. O Estado subjugou-se assim aos mercados financeiros internacionais e às agências de notação de risco. Esta política levou a internacionalizar a dívida pública francesa e que mais de metade dessa dívida fosse detida por não-residentes. A abundância da poupança e o apelo da dívida pública (a mais segura) fazem que as taxas possam ser baixas (são-no na maioria dos países desde 2008). Contudo, se deixadas às mãos dos mercados, podem aumentar perigosamente;

- o efeito das receitas fiscais: as receitas fiscais baixaram graças aos benefícios fiscais concedidos aos mais ricos e às grandes empresas, à concorrência fiscal, à evasão e à otimização fiscais. Os ricos mataram dois coelhos de uma cajadada: pagaram menos impostos, o que agravou os impostos, e depois financiaram estes défices obtendo juros;

- o efeito do PIB: as políticas de austeridade contraíram a atividade, o que volta a alimentar a redução de receitas. Menor atividade significa menos IVA, o imposto sobre o rendimento, o imposto sobre as sociedades, contribuições sociais. O que pensamos ganhar num lado, pela redução da despesa pública, perdemos no outro, pela queda da receita fiscal. O efeito do PIB joga assim de forma direta: a redução do PIB faz aumentar espontaneamente a relação dívida/PIB.

A redução da despesa pública é nefasta: aumenta a dívida

Os liberais citam muitas vezes o caso de alguns países (o Canadá e os países escandinavos nos anos 90, por exemplo), que tinham reduzido em simultâneo a despesa pública e a dívida. Porém, são países relativamente pequenos no plano económico, que conseguiram esse «feito» na medida em que beneficiaram do crescimento dos outros, para mais desvalorizando a sua moeda.

O que os pequenos países podem fazer de forma isolada pode não resultar fora deles. Os quatro últimos anos foram disso mesmo prova trágica. Desde 2010, em nome da redução da dívida, a União Europeia optou por curas de austeridade generalizadas. Foram particularmente brutais na Grécia, mas também em Portugal e em Espanha. O resultado é arrasador. A dívida pública, longe de se reduzir, explodiu nesses países. Entre o fim de 2010 e o de 2013, explodiu 35 pontos em Portugal (de 94% para 129% do PIB), 32 pontos em Espanha (de 148% para 175%, apesar de um incumprimento equivalente a 40% do PIB), contra uma subida de 9 pontos em média na Europa (de 86% para 95%).

Em França, adotou-se uma política de austeridade mas em menor grau: não houve uma derrocada do PIB. O resultado, ainda assim, não é brilhante. O Tribunal de Contas queixa-se regularmente nos seus relatórios: o crescimento acaba por ser menor do que o previsto, bem como a receita fiscal, o défice pouco se reduz, e a dívida continua a aumentar. Aquele órgão chega sempre à mesma conclusão: é preciso reduzir ainda mais a despesa pública. Mas por que razão é o crescimento menor? O Tribunal de Contas, erigido em templo do mais dogmático liberalismo, nunca se interroga sobre isso. Mas a resposta é simples: são as políticas de austeridade, as mesmas que ele preconiza, que asfixiam o crescimento.

No início de 2013, o Fundo Monetário Internacional (FMI) reconheceu esta lição keynesiana básica: o «multiplicador orçamental» subiu bastante mais do que previra. Cada euro de redução da despesa pública diminui a atividade em bastante mais de um euro. Poderia finalmente aprender-se a lição destes quatro últimos anos na Europa: a redução da despesa pública é contraproducente para reduzir a dívida pública, *a fortiori* na situação de crise que atravessamos. O Estado deve continuar a apoiar a atividade enquanto não houver recuperação.

Importa, pois, distinguir dois tipos de défice. O défice expansionista: quando for necessário, o défice público inicial permite relançar a atividade, o que acaba por gerar

CAMINHO N.º 11 - A DÍVIDA PÚBLICA: PAREMOS DE DIABOLIZÁ-LA

um acréscimo de receitas (o Estado «ganha o que gasta»). O défice recessivo: as políticas de austeridade orçamental, ao pesarem na atividade, aumentam o défice por falta de receitas.

Como reduzir a dívida?

Em alguns países, e neles inclui-se sem dúvida a Grécia, a dívida tornou-se insustentável. Deve ser restruturada. Nessas situações, acordos firmados entre credores privados e governos não podem ser postos em causa por tribunais estrangeiros alertados por alguns detentores de títulos, que especulam quanto à anulação desses acordos.

Se por vezes for necessária, a restruturação da dívida pública deve ainda assim ser gerida com prudência. A dívida pública é útil. A emissão em condições favoráveis pressupõe que o Estado honre a sua palavra e que o banco central garante os títulos públicos e, se necessário, compra-os. Em 2013, a administração francesa pagou 45,5 mil milhões em juros, mas o défice, financiado pela emissão de dívida, foi de 89 mil milhões: se a França tivesse renunciado à dívida, deveria ter-se privado de 43,5 mil milhões.

Então, como reduzir a dívida? As dívidas públicas, como o prova a história dos dois últimos séculos, não podem ser reduzidas por via da austeridade. Esta acaba por gerar estagnação e deflação (baixa generalizada do nível dos preços), o que faz aumentar as taxas de juro reais em relação a uma taxa de crescimento débil, ainda mais fragilizada pela austeridade.

Os Estados Unidos da América levaram o seu défice orçamental até aos 12,8% do PIB em 2009: este era ainda de 9,3% em 2012. Não se saíram nada mal. Com o regresso do crescimento, o défice reduziu-se progressivamente.

A dívida pública, muito elevada em resultado da Segunda Guerra Mundial (entre 120% e 300%, dependendo dos países), reduziu-se depois a quase nada (passando de 20% a 30% em 1973). É preciso retomar os círculos virtuosos que o neoliberalismo quebrou.

As nossas propostas

Acabar com as políticas de austeridade para relançar a atividade.

Fundir as dívidas graças à subida de preços. Deve reajustar-se a meta de inflação de 2% do Banco Central Europeu (BCE). Deve ser subordinada à meta de pleno emprego.

Retirar aos mercados financeiros o poder de fixar as taxas de juro. O BCE deve garantir as dívidas públicas e manter as taxas de juro de longo prazo abaixo das taxas de crescimento.

Desfinanceirizar e renacionalizar a dívida pública através dos circuitos financeiros públicos.

CAMINHO N.º 12
DOMESTICAR A FINANÇA

Os mercados financeiros têm uma responsabilidade esmagadora nas repetidas crises que atingem as economias há trinta anos. A desregulação que se iniciou na década de 70 permitiu um desenvolvimento considerável das instituições e dos mercados financeiros. Estes mercados criaram ou colheram massas enormes de capitais a rendibilizar, impuseram normas de rendibilidade excessivas às empresas, favoreceram o desenvolvimento do endividamento privado e público e fizeram nascer periodicamente bolhas financeiras e imobiliárias. A crise de 2007 mostrou--o: os mercados financeiros são ávidos, instáveis, cegos. Um dia, as bolhas rebentam, não se obtêm as rendibilidades prometidas, e esse rebentamento seca a economia real. Os bancos deixam de emprestar, as empresas não podem mais pedir emprestado, as famílias ficam arruinadas. O Estado é obrigado a ir em socorro delas, o que desequilibra as finanças públicas e serve de pretexto a uma cura de austeridade.

Não são só os mercados financeiros a causa maior de instabilidade, mas são incapazes de financiar as necessidades económicas, sociais e ambientais. A União Europeia encontra-se hoje frente a uma contradição insanável: de um lado, a atividade económica estagna, e o desemprego aumenta; do outro, o volume de operações financeiras aumenta consideravelmente. O BCE emprestou aos bancos somas colossais a taxas de juro próximas do zero. E, no entanto, desde o início de 2009, os créditos bancários às empresas, indispensáveis para a retoma económica, contraíram-se muitíssimo no conjunto da Zona Euro.

As nocivas mutações do setor bancário

Há trinta anos que a banca comercial vivia com a ideia de que as atividades tradicionais de concessão e de financiamento do crédito, de gestão de depósitos, estavam a tornar-se menos rentáveis e que eles deveriam procurar maiores rendibilidades nas atividades de mercado. O corretor destronou o especialista de crédito. Em vez de desenvolver as suas atividades de crédito para os clientes tradicionais, os bancos privilegiaram as atividades de mercado (investimentos na bolsa, engenharia financeira) e viraram-se para produtos e mercados especulativos. É o modelo da «banca universal». Os bancos desenvolveram a titularização, que lhes permite vender créditos sob forma de títulos e transferir os riscos inerentes a agentes financeiros não bancários, tais como fundos especulativos. Abandonaram assim uma das suas funções principais, a gestão de riscos, a atores do mercado pouco regulados. A finança sufocou a banca tradicional. A crise de 2007-2008 mostrou as consequências desastrosas destas opções aventureiras.

Os bancos universais são uma ameaça à estabilidade do sistema financeiro, porque são demasiado grandes e têm demasiadas interligações. Em caso de crise sistémica (a falência de uma instituição implica a queda das outras), o Estado vê-se obrigado a ir em auxílio dos bancos em dificuldades. Estes beneficiam, pois, de uma garantia implícita do Estado, verdadeira garantia de segurança aos olhos dos credores. Isso permite aos grandes bancos emprestar a taxas menores do que as consentidas pelos estabelecimentos mais pequenos ou mais especializados. Esta garantia pode tornar-se onerosa para as finanças públicas. Encoraja os bancos sistémicos a assumirem riscos cada vez maiores, porque, em caso de crise, têm a garantia de ser socorridos. Isso implica um crescimento excessivo da dimensão do setor bancário relativamente aos outros setores da economia, dos quais desvia recursos.

Estas mutações fizeram emergir um sistema bancário paralelo, qualificado de «bancos sombra». Entram aí os bancos de investimento, os fundos especulativos, os fundos de investimento, os fundos de pensões, as companhias de seguros. Ao escaparem à vigilância das autoridades, os «bancos sombra» foram o elemento central da crise financeira internacional.

A amnésia da finança e das autoridades

Quisera a lógica que se pusesse fim às operações que quase afundaram o sistema financeiro internacional. Nada mudou! Depois de uma contração em 2008, na sequência dos receios causados pela crise, retomaram-se ainda com maior força as atividades financeiras tóxicas. É o que acontece com as operações sobre produtos derivados (nomeadamente os contratos de permuta financeira de crédito, conhecidos em inglês como *credit default swaps*) que levaram à falência do Lehman Brothers e da seguradora AIG em 2008. Estas operações encontraram em 2013 o nível pré--crise e representam dez vezes o produto mundial bruto.

Graças aos grupos de pressão financeiros, Michel Barnier, comissário europeu responsável pelos serviços financeiros, e as autoridades francesas decidiram em março de 2014 apoiar o regresso às técnicas de titularização, que haviam sido responsáveis pelo eclodir da crise do crédito de alto risco (*subprime*). O objetivo proclamado é o de financiar a retoma da economia europeia em dificuldades, com a ideia de que existiria uma «boa» titularização, mais bem regulada. Os bancos não se fizeram rogados! A última inovação é o «investimento privado», através do qual os investidores readquirem aos bancos os seus portefólios de empréstimos. O Société Générale vendeu desta forma à seguradora AXA 80% dos seus empréstimos às PME a mais de cinco anos.

CAMINHO N.º 12 – DOMESTICAR A FINANÇA

Mudar a finança e a banca

É preciso pôr fim a esta perigosa deriva da finança de modo a evitar novas crises. São necessárias reformas radicais do sistema bancário e financeiro para enfrentar os desafios consideráveis com que as nossas necessidades se confrontam. A curto prazo, trata-se de, em função da prioridade, orientar os financiamentos para o setor produtivo de forma a fazer o país sair da depressão. A longo prazo, é vital mobilizar recursos indispensáveis ao financiamento da transição energética. As reformas decididas pelos governos e autoridades europeias não estão à altura desses desafios, porque não põem em causa o domínio da finança. É o caso da União Bancária Europeia, decidida em 2013, que, ao reforçar a supervisão da banca, não ataca o perigoso modelo de banca universal.

Os bancos são necessários para a economia, porque, no plano macroeconómico, um investimento líquido requer criação monetária que só os bancos são capazes de realizar. Mas devem ser profundamente reformados.

A primeira reforma deve proceder a uma separação estrita das atividades da banca de retalho, orientadas para o financiamento da economia, e das atividades da banca de investimento, consagradas a operações de mercado de caráter especulativo. Trata-se de restruturar o sistema bancário.

De um lado, existirão bancos com garantia pública, que se destinam a emprestar às empresas, às famílias, às autarquias locais, aos Estados. Estes bancos não terão o direito de especular em mercados financeiros, nem de emprestar a especuladores, nem de pôr em prática produtos complexos (empréstimos tóxicos, por exemplo). Poderão propor aos clientes emprestar diretamente aos Estados e às autarquias locais. Poderão também desenvolver manuais de desenvolvimento sustentável, para financiar a transição ecológica, uns propondo uma remuneração baixa mas garantida, outros podendo associar os aforradores que assim o queiram aos riscos industriais.

Para garantir financiamentos a longo prazo, em particular para acompanhar a transição ecológica, requer-se um setor bancário e financeiro público. A experiência mostra que a banca privada, governada por um objetivo de rendibilidade a curto prazo, não pode assumir esta função. Os países europeus têm necessidade de bancos públicos de desenvolvimento, que se refinanciem no BCE e que sejam capazes de garantir o financiamento de investimentos públicos ou privados social ou ecologicamente úteis, de fornecer fundos próprios e de capital de risco às PME e empresas de dimensão intermédia. As atuais instituições financeiras, tais como o BEI, devem ser transformadas de modo a contribuir para esta tarefa. Para que financiem projetos de interesse geral, os bancos devem ser geridos democraticamente, e não no interesse dos acionistas. Só os bancos realmente cooperativos ou públicos podem satisfazer esta exigência, ainda que devam ser geridos socialmente, isto é, sob controlo do conjunto dos atores (poderes públicos, representantes dos empregadores mas também dos trabalhadores, do mundo associativo, em particular ecologista). Deve também desenvolver-se em paralelo uma finança solidária e ecológica (os «comuns» do crédito de que a NEF[19] é o primeiro exemplo).

Do outro lado, os bancos comerciais e de investimento, como todos os «bancos sombra», não podem continuar a beneficiar de financiamento do BCE e da garantia do Estado, isto para proteger os contribuintes e reduzir os estímulos à tomada de risco imponderado. Os bancos de retalho e, por conseguinte, a poupança dos depositantes não podem ser mobilizados para financiar instituições especuladoras, o que reduziria a dimensão dessas instituições e impedi-las-ia de utilizar o efeito de alavancagem (financiar operações de risco com créditos bancários a baixas taxas de juro). O estreito controlo dos mercados deve provocar o desaparecimento de mercados paralelos, opacos e não regulados. Seria necessária uma autorização de introdução nos mercados para novos produtos financeiros, após verificação da sua utilidade social e dos seus riscos.

Na sua intenção de desencorajar a especulação, e não obstante a oposição dos grupos de pressão, deveria instituir-se um imposto sobre o conjunto das transações financeiras, incluindo todas as operações sobre produtos derivados, aplicando as regras impostas pela diretiva europeia de 2013.

---

[19] A NEF (Nouvelle Économie Fraternelle) é uma cooperativa financeira solidária fundada na década de 70, que defende valores ambientais e a economia social e solidária (*N. T.*).

A confiança do público nos setores bancário e financeiro só será restabelecida se se puser a finança, finalmente domada, ao serviço da sociedade.

As nossas propostas

Separar estritamente a banca de retalho da banca de investimento.

Impor uma autorização obrigatória de introdução nos mercados para todos os novos produtos financeiros. Taxar as transações financeiras para desencorajar a especulação. Fechar os mercados paralelos opacos e não regulados.

Instaurar um controlo democrático da banca pelos poderes públicos e refundar as suas instâncias de direção de modo a nela integrar novos atores.

CAMINHO N.º 13
PÔR A MOEDA AO SERVIÇO DA ECONOMIA, MUDAR O BANCO CENTRAL

A moeda ocupa um lugar preponderante na sociedade e na economia. Está no centro de inúmeros mecanismos indispensáveis ao equilíbrio de um e ao funcionamento do outro. A moeda não é apenas um instrumento económico, é uma verdadeira instituição social. Por isso, não é nada surpreendente que a criação monetária, os objetivos que lhe atribuímos, as instituições e as modalidades para a controlar sejam questões tão discutidas.

Os bancos comerciais asseguram a maior parte da criação monetária. Fazem-no sobretudo quando concedem crédito a clientes ou quando compram títulos, em particular títulos da dívida pública. Esta possibilidade de criação monetária não é de modo algum infinita, é limitada pela capacidade de os bancos obterem «moeda central», emitida pelo banco central, o banco dos bancos. Este pode intervir na atividade da banca com recurso a múltiplos instrumentos, designadamente a taxa de juro diretora, pela qual os bancos se refinanciam, a qual influencia o custo do crédito proposto às empresas e às famílias.

Os objetivos e o papel da política monetária

Quais devem ser os objetivos da política monetária? Esta questão é objeto de discussões importantes entre os economistas. Segundo os monetaristas, a criação monetária não tem efeito no nível de atividade: só influencia o nível dos preços. Logo, o objetivo atribuído ao banco central é fácil de definir: garantir a estabilidade dos preços. Foi exatamente o que os tratados europeus e os estatutos do BCE asseguraram.

Contudo, são as exigências de crédito das empresas e das famílias que no fundo determinam a criação monetária. Numa ótica keynesiana, a distribuição do crédito, por conseguinte a política monetária, influencia o nível de investimento e o da procura. O banco central e os próprios bancos podem simplesmente favorecer ou desencorajar esta procura de crédito. A inflação (ou a deflação) não tem origem monetária: depende apenas da evolução dos custos de produção, da procura e dos conflitos de distribuição de rendimentos, eles próprios influenciados pela situação de emprego.

Estas divergências de perspetiva têm implicações muito importantes nos objetivos atribuídos à política monetária, tanto ao banco central quanto à banca.

A criação monetária é indispensável: numa economia monetária, nada garante que a produção vai ao encontro de uma procura que a satisfaça. Podem poupar-se os rendimentos provenientes da produção. No sentido contrário, o crédito permite despertar uma procura que não tem por origem os rendimentos gerados pela produção. Um dos papéis da política monetária é, pois, o de ajustar a oferta e a procura. Para isso, o banco central deve controlar em permanência as condições de distribuição do crédito. Uma sobreabundância de crédito, concedido de forma demasiado fácil, pode conduzir ao sobreaquecimento, agravar a inflação ou gerar bolhas financeiras e imobiliárias (como as dos anos que precederam a crise de 2007); uma insuficiência do crédito provoca desemprego e recessão. Mas seria falso acreditar que a política monetária consegue tudo em todas as circunstâncias: facilitar a obtenção de liquidez dos bancos comerciais junto do banco central e diminuir as taxas de juro diretoras pode estar longe de ser suficiente, como se constata na Europa desde 2010. É por isso indispensável que a política monetária seja coerente com a política orçamental; é condição da sua eficácia. Assim, convém pôr o banco central sob controlo do governo e dos eleitos para que possam cumprir os seus objetivos económicos. A deflação que ameaça a Europa desde 2013 pressupõe uma espécie de austeridade salarial e orçamental.

Tradicionalmente, o banco central é, pois, o banco do Estado. O Estado pode financiar as suas despesas através do imposto, por empréstimo dos mercados financeiros e junto das instituições financeiras. Se necessário, pode recorrer ao banco central. Esta possibilidade, mesmo que não seja utilizada, faz da dívida pública um ativo sem risco, por isso emitido à taxa mais baixa. O Estado não pode declarar falência, pois o banco central pode sempre financiá-lo.

O papel esvaziado do banco central

Desde os anos 80, impôs-se toda uma outra conceção de política monetária. A norma tornou-se o banco central gerido por banqueiros centrais independentes dos poderes políticos, ou seja, sem terem de prestar contas aos cidadãos. A sua independência seria garantida por uma carreira na banca (por exemplo, no Goldmann Sachs). À luz desta conceção, o banco central tem como missão principal combater a inflação (e muito em particular a inflação salarial). Aumentou assim muito o peso da finança na condução da política monetária.

Ao contrário de outros bancos centrais, nomeadamente a Reserva Federal Americana (o Fed), o BCE não se deve preocupar com o crescimento e o emprego. Já não tem por objetivo a taxa de câmbio, considerando que regressa ao mercado depois de fixar o valor do euro. Além disso, se estiver obcecado com a evolução do preço de bens e serviços, o BCE não se preocupa com a instabilidade do preço dos ativos (financeiros, imobiliários), ainda que prejudique muito o funcionamento da economia. Por fim, segundo o próprio tratado da União Europeia, o BCE não garante as dívidas públicas, deixando que as taxas a que os Estados se financiam dependam dos receios e humores dos mercados financeiros.

O BCE, o banco central mais independente do mundo, não tem de prestar contas nem aos governos, que devem submeter-se às suas injunções, nem ao Parlamento Europeu. Este estatuto exorbitante deriva de uma conceção restrita

CAMINHO N.º 13 – PÔR A MOEDA AO SERVIÇO DA ECONOMIA...

da moeda, defendida pela teoria económica ortodoxa, que a reduz a mero instrumento de troca ao serviço dos mercados, de neutralidade assegurada pela estabilidade dos preços. A sua crise de legitimidade provém deste vício congénito.

Após a crise financeira de 2007-2008, o BCE não se preocupou em apoiar a banca. Lançou por diversas vezes operações gigantescas de refinanciamento, emprestando aos bancos somas consideráveis a taxas muito baixas, sem verdadeiras condições nem contrapartidas. O novo programa de TLTRO[20] estipula finalmente – pois havia mesmo um problema de dinheiro! – as condições de empréstimo às empresas, mas não é claro quanto ao controlo nem prevê penalidades em caso de incumprimento dos compromissos. Assim sendo, por ocasião da crise, o BCE deve rever a visão estreita com que encara a sua missão (tão-só a estabilidade dos preços) para lhe juntar a salvaguarda do setor bancário.

Ao contrário de outros bancos centrais, o BCE começou por recusar intervir para garantir as dívidas públicas, o que avivou a crise de dívida soberana na Zona Euro a partir de 2010. Foi só em 2012 que infletiu um pouco a sua política nesta matéria (com o programa OMT[21], no qual anunciou a sua intenção de intervir se os mercados atacassem um país). Mas subordinou toda a ajuda dos Estados a medidas restritas de austeridade – provando mais uma vez um tratamento completamente assimétrico.

---

[20] Do inglês *Targeted Longer-Term Refinancing Operations*, empréstimos condicionados de financiamento de longo prazo.

[21] Operações monetárias em títulos.

Reconstruir uma política monetária

É preciso recuperar princípios básicos: a moeda é uma instituição social e política, é uma representação dos valores da sociedade, constitui uma riqueza social. O banco central deve pôr as suas preocupações em primeiro plano. Com um papel fundamentalmente político, os seus governantes devem representar o conjunto dos atores e, por conseguinte, ter origem na indústria, no comércio, nos serviços, mas também no sindicalismo, no setor associativo, em particular ecológico.

Há reformas que se revelam hoje em dia essenciais:

- a existência da moeda única na Europa não pode levar a pôr em causa os princípios que fundaram a própria existência da moeda. É essencial que as dívidas públicas dos Estados-membros voltem a ser ativos sem riscos, o que implica uma garantia do BCE e, portanto, a possibilidade de intervir em mercados primários. Os Estados devem poder endividar-se a taxas baixas. A garantia de dívidas públicas dada pelo BCE deve ser total, no quadro de uma coordenação das políticas económicas que tenham por objetivo o pleno emprego e a reabsorção dos desequilíbrios no interior da Zona Euro;

- as normas de capitais próprios, chamados prudenciais, impostas aos bancos[22] são ineficazes

---

[22] Os bancos devem respeitar um rácio máximo entre os seus créditos e os capitais próprios.

para garantir a estabilidade do sistema bancário. Têm efeitos perversos: levam a banca a transferir os riscos a atores do mercado pouco regulados, como fundos especulativos, ou a arbitrar entre o crédito e as intervenções nos mercados financeiros. É fundamental uma separação estrita entre os bancos de depósito e os de investimento, e o BCE deve parar de refinanciar os segundos, como prevemos no caminho n.º 12.

A adoção do euro conduziu a uma situação de difícil gestão na qual se aplica uma política monetária comum a países muito heterogéneos. A taxa de juro não pode continuar a ser a única alavanca para a ação da política monetária, como mostra a atual situação do BCE: as taxas de juro próximas do zero já não chegam para fazer sair a Zona Euro da depressão económica. O BCE deve levar a cabo políticas orçamentais expansionistas. As autoridades monetárias têm possibilidade de mobilizar instrumentos de regulação exteriores ao mercado: taxas de refinanciamento bonificadas para favorecer determinados projetos (a transição ecológica, a habitação social), reservas obrigatórias seletivas e progressivas de créditos para desencorajar o excesso de crédito imobiliário em caso de bolhas imobiliárias...

Seria desejável que o BCE tivesse uma política de câmbio. Ainda assim, com esta dificuldade: o euro está hoje sobrevalorizado para certos países (os do Sul bem como a França), mas está subvalorizado para outros (os do Norte), e a Zona Euro no seu conjunto gera importantes excedentes em detrimento do resto do mundo. Este dilema mostra bem que a política monetária única, em caso de mudança, não pode ser reorientada se não se reorientarem em simultâneo os outros eixos da política económica, em particular a política orçamental e a política de rendimentos, para levar os países excedentários a reduzir os seus excedentes «pelo topo», ou seja, pelo aumento da sua procura interna.

Mudar de política monetária pressupõe que a finança seja, pois, posta ao serviço do interesse geral e da sociedade no seu todo.

As nossas propostas

Alargar os objetivos do BCE para o pleno emprego e apoio à atividade.

Pôr novos instrumentos ao serviço destes objetivos: taxas de refinanciamento bonificadas para favorecer o financiamento da transição ecológica ou a reindustrialização, reservas obrigatórias especiais para desencorajar atividades especulativas.

Fazer garantir as dívidas públicas pelo BCE (por aquisição direta de títulos, se necessário) no quadro de uma coordenação aberta de políticas económicas. Mudar os estatutos do BCE. Devem prever um verdadeiro controlo democrático das suas atividades, nomeadamente, pelo Parlamento Europeu.

CAMINHO N.º 14
O EURO: MUDÁ-LO OU SAIR?

Em 2014, a taxa de desemprego na Zona Euro é superior a 11%. Ultrapassa mesmo os 25% na Grécia e em Espanha. Após dois anos de crescimento negativo, a Zona Euro está à beira da deflação. Esta alimenta inevitavelmente a desconfiança dos povos face à União Europeia, como o demonstraram as recentes eleições para o Parlamento Europeu.

Esta desconfiança é justificada: utiliza-se a construção europeia para impor reformas estruturais liberais, para reduzir a despesa pública, para pôr em causa o modelo social europeu. A crise atual, que não é mais do que a do capitalismo desregulado e dominado pela finança, não fez que se rompesse com esta estratégia. Pior, as reformas postas em curso endureceram, num sentido liberal, as regras da governação.

Exige-se uma rutura na Europa. Há escolhas diferentes. Em concreto, é preciso em concreto refundar o euro noutros alicerces ou questioná-lo. A manutenção do seu funcionamento não pode conduzir a um aprofundamento da crise.

Aprender os fracassos dos tratados

Os atuais tratados europeus impuseram aos Estados constrangimentos fatais, que se substituem à adoção de política coordenadas, as quais impossibilitam qualquer estratégia comum de retoma ou de bifurcação.

Concebeu-se o BCE como «independente» dos poderes políticos e, portanto, de qualquer controlo democrático. A sua missão é garantir a estabilidade dos preços. É-lhe interdito apoiar *a priori* a atividade económica ou laboral. Não tem direito (contrariamente aos bancos centrais americano ou inglês) de comprar diretamente títulos de dívidas públicas, logo, de garantir a solvabilidade dos Estados-membros, que assim é posta nas mãos dos mercados financeiros. Pior ainda, a cláusula de «não solidariedade» entre Estados-membros proibia a um Estado em dificuldade receber ajuda dos seus parceiros ou da União. Assim, os mercados financeiros foram instalados pelos tratados como «guardiões» encarregados de impedir as «derivas» das finanças públicas, ainda que hajam sido eles que espoletaram a crise graças à sua cegueira.

A União Europeia não aprendeu as lições do fracasso da estratégia liberal de competitividade extrema e de financeirização. Pelo contrário: as reformas adotadas tornaram a governação ainda mais coerciva, por meio de novas regras:

- o Tratado sobre Estabilidade, Coordenação e Governação (TECG) de 2012 endureceu as normas orçamentais. As finanças públicas estão hoje mais enquadradas com uma pseudorregra de ouro irrealista (a norma do défice público passa de

CAMINHO N.º 14 O EURO: MUDÁ-LO OU SAIR?

3% para 0,5% do PIB) e sem fundamento económico. Em caso de diferença, as regras automáticas de «regresso ao equilíbrio» vão agravar as dificuldades;

- oito regulamentos europeus (o *Six-pack* e o *Two-pack*)[23] reforçam bastante a vigilância delegada na União Europeia. Esta avalia ainda os orçamentos nacionais antes que sejam chumbados nos parlamentos e possam exigir alterações. Um Estado que não obedeça pode ser mesmo posto sob tutela. Pelo contrário, não se prevê nenhuma estratégia coordenada de apoio, nomeadamente, ao emprego;
- o Mecanismo Europeu de Estabilidade (MEE) pôs em curso um sistema de ajuda multilateral aos Estados em dificuldades financeiras. Pode parecer uma evolução. Contudo, as ajudas são submetidas a uma cura severa de austeridade imposta aos países beneficiários.

---

[23] Composto por cinco regulamentos e uma diretiva (daí o seu nome), *Sixpack* é o nome dado a uma medida legislativa da União Europeia que entrou em vigor em 2011 e que, paralelamente ao Pacto de Estabilidade e Crescimento (PEC), visou melhorar a vigilância fiscal e macroeconómica dos Estados-membros da União Europeia, com vista a reduzir os défices públicos. No mesmo ano, aprovou-se depois um pacote duplo de medidas (*Two-pack*) para aumentar a coordenação e supervisão de todos os procedimentos orçamentais dos membros da Zona Euro (*N. T.*).

As falhas gritantes do euro

Com uma moeda única, as taxas de câmbio tornaram--se incorpóreas na Zona Euro. Ora, as variações na taxas de câmbio têm duas funções. A longo prazo, tendem a compensar as evoluções divergentes entre países (custos de produção ou do saldo externo). A curto prazo, permitem desvalorizações (reavaliações) que se destinam a restaurar o equilíbrio dos saldos comerciais. Só as economias relativamente homogéneas ou com fortes mecanismos de transferências e de solidariedade (como as regiões de um país) podem funcionar com a mesma moeda de forma duradoura. Pelo contrário, é difícil gerir uma moeda única entre países com situações e estratégias económicas diferentes.

Assim, não se cumpriram as condições que tornam viável o euro: não existe nem coordenação das políticas económicas que permita dar coerência às políticas conjunturais nacionais entre elas, nem um orçamento comum suficientemente importante para apoiar grandes projetos estruturantes, nem um acordo que evite a concorrência negativa que leve ao *dumping* fiscal e social. Por último, e acima de tudo, não existe coordenação entre os países membros e um Banco Central Europeu ao serviço da economia real e de políticas económicas nacionais.

Depois de uma fase de relativa recuperação, sustentada pela distribuição de fundos estruturais, o euro reforçou as divergências entre os países. Encontra-se claramente sobrevalorizado para os países do Sul (Espanha, Grécia, Portugal, mas também França) e subvalorizado para os países do Norte (Alemanha, Holanda). Estes, tendo optado pela austeridade no início dos anos 2000, geraram importantes excedentes comerciais. O seu modelo consiste em reduzir a procura nacional e tomar mercados e empregos de outros países. Os países do Sul submeteram-se ao crescimento da Zona Euro até 2008, mas pagando com um endividamento privado e um défice comercial insustentáveis (perto dos 10% do PIB na Grécia, em Portugal e em Espanha).

Desde 2010 que a Europa fez sentir o peso do ajustamento apenas nos países deficitários. Estes são forçados a recorrer a «desvalorizações internas» para reduzir salários, degradar a proteção social e os serviços públicos. Estas políticas são devastadoras. O PIB afunda-se, o desemprego explode, instala-se a deflação. É verdade que os países do Sul recuperaram o seu défice comercial, mas essencialmente pela queda das importações, depois de terem afundado a procura interna. Teria sido preciso eliminar de outra forma os desequilíbrios, exigindo aos países excedentários que estimulassem a procura interna mediante aumentos de salários e prestações sociais, e de investimentos que se inscrevessem na reconversão ecológica.

Os progressos que houve no combate à evasão fiscal (a promessa do Luxemburgo ou da Suíça de respeitar a legislação), o estabelecimento de um salário mínimo na Alemanha ou as promessas de melhor supervisão dos bancos graças à União Bancária Europeia acabam por ser largamente insuficientes para sair da crise «por cima».

Que fazer do euro?

Os dirigentes europeus contentam-se hoje em modificar o que existe nas margens sem que nada mude a fundo. É a garantia de uma crise sem fim.

Para sair deste impasse, existem duas alternativas.

Uma mudança profunda do funcionamento da Zona Euro

Manter a Zona Euro pressupõe romper com os dogmas liberais que hoje prevalecem e introduzir novas solidariedades, baseadas numa coordenação aberta das políticas económicas. Os países devem dar-se a si próprios objetivos coerentes para regular a sua atividade e o seu saldo externo (quando os excedentes comerciais são demasiado importantes, devem relançar a procura interna ou investir em projetos industriais na Europa do Sul, por exemplo, nas energias renováveis). Devem adotar objetivos de evolução salarial (praticar políticas de reflação salarial e social, pois reduziu-se excessivamente a parte dos salários) e de transição ecológica e social. Estas políticas, sustentadas numa retoma dos fundos estruturais, levaria à redução das diferenças de competitividade e apoiaria um processo de convergência das economias nacionais. Devem ser acompanhadas da adoção de um orçamento europeu que seja mesmo significativo. Implementadas estas mudanças, a manutenção da Zona Euro vai tornar possível conduzir políticas económicas coordenadas bastante mais eficazes na transição ecológica, no combate ao domínio da finança, em vez de políticas económicas conjunturais. No entanto, este cenário enfrenta a oposição de alguns países, nomeadamente, da Alemanha, que pretende introduzir políticas económicas europeias no espartilho dos atuais tratados europeus e acima de tudo subordiná-los à vontade das classes dirigentes europeias e nacionais, que querem continuar a poder exigir aos trabalhadores de cada país que combatam os trabalhadores de outros países da Zona Euro aceitando reduções salariais e de proteção social.

O fim da Zona Euro

Mesmo se nenhum país ainda o tenha desejado, sem que se tenham feito as reformas necessárias para refundar o euro, alguns países (os do Sul da Europa e a França) poderiam renunciar à Zona Euro, considerando que seria demasiado oneroso económica e socialmente. Este cenário de rutura comprovaria a impossibilidade de manter uma moeda única entre países com características estruturais diferentes. A Alemanha veria a sua moeda valorizar-se, a competitividade dos preços decair, o excedente externo desaparecer. Os países do Sul poderiam recomeçar a partir de novas bases, ao recuperar o domínio das suas políticas económicas. Os seus povos iriam sujeitar-se a uma grande subida do preço dos produtos importados e ao aumento do peso da dívida externa. Mas estes efeitos negativos poderiam não ser muito mais graves do que aqueles que hoje enfrentam devido às políticas de austeridade. A sua indústria voltaria a ganhar em competitividade de preços. Estes países poderiam usar esta margem para organizar a sua renovação produtiva. Não é uma solução fácil: pressupõe formar uma coligação social e política capaz de mobilizar a sociedade, de impulsionar a reindustrialização, de combater a fraude e a corrupção. Tem riscos, designadamente uma crise bancária e financeira associada à mudança de moeda para credores e dívidas. Contudo, essa crise poderia ser a ocasião para retomar o controlo da banca e da finança. E as atuais políticas de austeridade também fragilizam os setores bancário e financeiro europeus. Essa rutura traria mais esperança do que a permanente asfixia imposta pelos atuais constrangimentos europeus. Seria preciso relançar a Europa sob novas bases, porque a Europa é necessária para trazer um projeto original, o seu modelo social, para dar peso à governação mundial e agir pelo combate às alterações climatéricas. Abandonar o euro não significa regressar à Idade da Pedra: a História regista inúmeros exemplos de reconfiguração de regimes monetários de um grupo de países. Ainda que reconstruir a Europa depois de se ter posto fim ao euro não fosse de forma alguma tarefa fácil, existe uma via.

Os Economistas Aterrados, que privilegiam uma ou outra destas estratégias, concordam no essencial. A Europa vai mal, mas não é à caça de bodes expiatórios (com os estrangeiros na primeira fila, como sempre) que irá melhor. É preciso ir mergulhar nas verdadeiras raízes da crise. A Europa não pode progredir sem avanços de harmonização fiscal, social e salarial entre os países membros, avanços esses que sejam significativos e provenham do topo. Com ou sem o euro, é preciso pôr fim a uma situação que leva os povos a lutarem entre si, rivalizando por reduções de salários e proteção social em nome da competitividade.

Em todo o caso, os povos europeus devem recusar--se a continuar doentes com o presente envenenado do liberalismo tecnocrático europeu e do federalismo tutelar. Um governo que chegue ao poder decidido a pôr em prática políticas de rutura deverá recusar as restrições do TECG e as do semestre europeu. Deverá mostrar o caminho, não para sair da Europa, mas para a reorientar radicalmente para poder construir um modelo económico e social europeu que vire costas à globalização liberal sem rei nem roque.

As nossas propostas

Repensar os tratados europeus e as suas cláusulas liberais em benefício de um tratado realmente simplificado, que não continue a encerrar as políticas económicas europeias e nacionais num sentido neoliberal.

Inscrever neste tratado, entre os objetivos principais da União Europeia, a harmonização fiscal e social a partir do topo entre os países membros.

Financiar, por via de um orçamento europeu reforçado e do APT, grandes projetos europeus estruturantes que se inscrevam na transição ecológica. Estes projetos deverão facilitar a convergência dos países do Sul com os do Norte.

CAMINHO N.º 15
O CÂMBIO INTERNACIONAL:
REGRAS A REPENSAR

Durante os trinta anos que antecederam a crise de 2008, assistimos a uma marcha acelerada na direção da «livre circulação de capitais e mercadorias». Esta liberalização, especialmente marcada no setor financeiro, favoreceu o contágio entre bancos e entidades financeiras dos dois lados do Atlântico e a transformação da crise dita «do *subprime*» em crise mundial.

O modelo de desregulamentação financeira e de comércio livre generalizado trazido pela Organização Mundial do Comércio (OMC), pelo FMI ou pelo Banco Mundial impôs-se gradualmente até à crise que hoje se verifica. A OMC, único organismo verdadeiramente multilateral (os países do Sul puderam organizar-se e fazer-se ouvir na Conferência de Seattle) é atualmente uma instituição bloqueada. Enquanto há muito tempo não se assina nenhum acordo significativo, vemos reflorescerem os acordos bilaterais. As negociações do APT, projeto de tratado de comércio livre, depois daquelas que foram levadas a cabo entre a União Europeia e o Canadá, marcam o regresso aos velhos poderes que tentam fixar, contra os países do Sul, as suas regras e normas.

Deve questionar-se totalmente a mundialização atual. Nenhuma das propostas apresentadas neste manifesto poderia ser posta em prática se deixássemos os capitais circularem «livremente». Tratando-se do comércio de bens ou serviços, deve-se pôr fim a um regime que põe os trabalhadores do mundo inteiro em concorrência e libertar a circulação de inúmeros bens essenciais ao bem-estar das populações. Assim, contra as multinacionais que fazem comércio, a informação e os conhecimentos devem ter acesso ao estatuto de «bens comuns» para que cada cidadão tenha sobre eles direito de acesso protegido e inalienável.

Mudemos de *chip*

O comércio livre constitui grande arma da contrarrevolução liberal. A globalização financeira permite aos capitais irem da Bolsa de Londres à de Singapura, especularem um dia nas matérias-primas, outro nas dívidas públicas. A mundialização comercial permite que as multinacionais ponham em concorrência trabalhadores do mundo inteiro, que produzam ao menor custo em países com salários baixos, que recorram a ameaças de deslocalização e pressionem os salários nos países ricos. Permite-lhes praticar a otimização fiscal e evitar arcar com o custo das infraestruturas públicas e de formação da sua mão de obra, participando assim no enfraquecimento dos Estados sociais. Por último, a mundialização serve de alibi para a recusa de um compromisso com a transição ecológica: os países que repercutissem o preço nas suas empresas iriam vê-las deslocalizarem-se.

Os países do Norte impuseram a liberalização comercial aos do Sul desde as décadas de 70-80, protegendo-se sempre a si próprios, por vezes de forma ostensiva. Assim, no setor agrícola, tanto a Europa (com a Política Agrícola Comum) quanto os Estados Unidos da América ergueram muralhas e subvencionam um modelo produtivista para conquistar os mercados internos e destruir as agriculturas de subsistência de muitos países do Sul. Também nos domínios da indústria e dos serviços, os países do Norte (com os Estados Unidos da América e a União Europeia à cabeça) ergueram barreiras não pautais sob forma de «direitos de propriedade intelectual» para proteger os seus produtos de alta tecnologia e bloquear a recuperação dos países do Sul. A generalização do reconhecimento de patentes e o ADPIC[24] (assinado em Marraquexe em 1994) impuseram aos países do Sul a compra exclusiva de medicamentos patenteados, vendidos a preços proibitivos (80 mil dólares por tratamento contra as hepatites virais). Estes países já não podem importar livremente medicamentos genéricos a baixo preço para cuidar das suas populações, mesmo que os acordos tenham sido assinados para determinadas pandemias.

---

[24] Acordo sobre direitos de propriedade intelectual.

A concorrência «livre» entre empresas submetidas a normas sociais ou ambientais e as que não o são é, por definição, falseada. A abertura de fronteiras económicas não é um objetivo em si mesmo: urge enquadrá-lo e pô-lo ao serviço do bem-estar das populações. A transição ecológica e social exige que se acabe com o comércio livre generalizado.

É do interesse de todos que cada país conheça um desenvolvimento harmonioso, que nenhum mergulhe na miséria. Consegue-se através de novos regulamentos internacionais que organizem a cooperação entre países, mas também pela garantia de que cada país dispõe de margem de manobra suficiente nas políticas económica e social.

Um quadro multilateral para uma cooperação refundada

Três propostas visam aplicar um quadro multilateral que refunde a cooperação entre países.

Regressar à «livre» circulação de capitais

A «quarta liberdade» inscrita no Ato Único Europeu de 1986 generalizou a «liberdade de circulação de capitais» não só entre países europeus mas também no resto do mundo. Esta decisão, pela qual a finança lutou arduamente, foi uma catástrofe. Permitiu uma especulação desenfreada de capitais de curto ou muito curto prazo. Pôs os trabalhadores em concorrência ao permitir que o capital se deslocasse de um ponto para outro do planeta. Foi esse ato que autorizou a evasão para os paraísos fiscais. No seio

CAMINHO N.º 15 – O CÂMBIO INTERNACIONAL: REGRAS A REPENSAR

da União Europeia, introduziram-se (ou está em curso a sua introdução) inflexões ainda bastante tímidas desde 2012. É preciso ir bastante mais longe e mais depressa. Um verdadeiro imposto sobre as transações financeiras frustraria a volatilidade de capitais de curto prazo (os mais especulativos) e incluiria também produtos derivados de forma a tornar impossível que voltassem a nascer bolhas nos diferentes mercados de ativos financeiros, enquanto se espera pela proibição dos instrumentos financeiros que só servem a especulação. Voltar a dar aos Estados ou a grupos de países (como o FMI começou a ponderar) a possibilidade de impor regras que favoreçam o investimento a longo prazo nas empresas e penalizar ou proibir movimentos de capitais de cariz especulativo seria favorável ao crescimento.

Pôr fim imediato às negociações bilaterais de comércio livre

As negociações em curso, muitas vezes em sigilo, procuram o crescimento por via da extensão dos mercados, nomeadamente, suprimindo normas sanitárias em vigor, consideradas barreiras ao comércio. Esta abordagem, cujo mérito é desmentido pelos especialistas (entre os quais se incluem os que são contratados para a validarem) para quem os benefícios seriam infinitesimais, só agravariam a situação. Não é no sentido do desmantelamento das normas que se deve ir; é precisamente no seu oposto primordial, de zelar para que os processos e os produtos respeitem os ecossistemas nos quais se inserem e assegurem a sua sustentabilidade. O clima, a saúde, a proteção dos oceanos devem ter acesso ao estatuto de bens públicos globais e ser

145

tratados enquanto tal. Urge pôr fim à negociação do APT, que prevê não só desmantelar ou harmonizar as normas por baixo, mas também autorizar as multinacionais a reclamarem junto das jurisdições comerciais contra os Estados que tomem medidas que «limitem as suas perspetivas de lucro».

No sentido contrário, deve facilitar-se a circulação de toda uma série de bens (como os medicamentos genéricos) ou serviços. Alguns (como conhecimento, informação) devem adquirir o estatuto de «bens comuns» relativamente aos quais cada um deve ver garantido direito de acesso protegido e inalienável.

Adotar um conjunto de causas sociais e ambientais

A transição ecológica e social exige que se rompa com as regras que hoje presidem ao comércio. Estas regras não comportam nenhuma penalização para «os menos zelosos» no âmbito social ou ambiental. Pelo contrário, as proteções existentes (muitas vezes sob forma de normas) são vistas pelos defensores da mundialização liberal como barreiras não tarifárias que, no entanto, são entraves a combater. Para permitir aos países proteger o seu modelo social ou avançar com a transição energética, urge penalizar os modelos de exportação que tomam por base o *dumping* social ou ambiental. Pode ser feito mediante sanções ou restrições à entrada de produtos objeto de inquérito, de forma unilateral se necessário, enquanto se aguarda um exame dos tribunais ou dos órgãos de resolução de litígios internacionais que se deve refundar.

No mesmo espírito, importa assegurar que, em países com alto nível de rendimento (a começar pelos da União Europeia), os trabalhadores imigrantes ou deslocados beneficiam de salários e prestações sociais que correspondem a regras que prevalecem ao nível nacional, sob responsabilidade de empresas que os empregam ou mandantes de trabalhos executados.

Os países emergentes, ou determinados países do Leste europeu, devem poder usar a curto prazo as vantagens que lhes proporciona o baixo custo da sua mão de obra, ou apoiar as suas indústrias (re)nascentes, mas com a condição de se inscreverem numa perspetiva de «recuperação» que passe pela subida de salários e desenvolvimento do seu sistema de proteção social. Por fim, as multinacionais que produzem nesses países são responsáveis pelas condições laborais e de vida dos seus trabalhadores ou subcontratados. Cabe aos países desenvolvidos sancioná-los se não assumirem essa responsabilidade.

A estratégia da balança comercial excedentária é uma ilusão: o excedente de uns apoia-se no défice de outros, e não podem todos os países encontrar oportunidade externas descurando a procura interna, como sugere a estratégia europeia de «choque de competitividade». O FMI, os G20 e a União Europeia devem pressionar os países excedentários para que aumentem salários, melhorem a proteção social e apliquem os seus excedentes em investimentos direitos, estáveis e produtivos – e não nos mercados financeiros.

Preservar as margens de manobra nacionais

Num quadro internacional renovado, cada país deve poder dispor de verdadeiras margens de manobra para decidir a sua estratégia económica, da forma que entende adequar-se à economia mundial, posicionar-se na divisão internacional do trabalho, considerando as suas forças, as suas fraquezas e os seus objetivos. Tal pressupõe que os países ou grupos de países que o desejem possam inter-vir nas taxas de câmbio mais do que submeter-se a taxas determinadas pelas flutuações dos mercados financeiros.

Para evitar um nivelamento por baixo da proteção social e dos salários, cada país deve estar apto a proteger o seu modelo social. Isso exige que, por exemplo na fiscalidade, à semelhança do que se pratica nos Estados Unidos da América, cada país possa taxar os seus residentes e cida-dãos, bem como os lucros obtidos no seu território. A obri-gação de declaração deve ser generalizada: implica que todas as instituições financeiras sejam obrigadas a declarar o património e os rendimentos dos seus clientes às autori-dades fiscais do respetivo país de residência. Os mecanis-mos que permitem a otimização fiscal internacional devem ser desmantelados.

Determinadas atividades provenientes do interesse geral (segurança social, educação, bens e serviços públi-cos) ou tidos por vitais ou estratégicos (agricultura, cul-tura) não podem ser expostos à liberalização. De maneira análoga, alguns setores do futuro, inovadores ou estrutu-rantes, nomeadamente os que se inscrevam na transição ecológica, devem poder beneficiar de ajudas públicas. Os poderes públicos têm legitimidade para intervir de modo a apoiar as indústrias ameaçadas, fazê-las evoluir e, se for caso disso, organizar e financiar a sua reconversão e a das bacias de emprego em causa.

Os organismos de governação mundial (a começar pela OMC, um moribundo por refundar) são chamados a desenvolver-se nos anos vindouros para organizar a regulação financeira, desmantelar os paraísos fiscais e regulamentares, gerir as taxas de câmbio e evitar desequilíbrios macroeconómicos, promover a proteção social, combater as alterações climatéricas. Convirá rever a partilha de poderes nestes organismos para que possam assumir o devido lugar nos países emergentes.

Sim, estas medidas vão muitas vezes enfraquecer o comércio internacional, pelo menos dos que se apoiam no *dumping* ambiental e social. Favorecem determinada relocalização de produções e o recentramento na procura interna necessária para que cada país não perca a possibilidade de orientar o seu destino. Por último, contribuem para pôr o comércio internacional ao serviço da transição ecológica. Tendo em conta as atuais disparidades, os países desenvolvidos terão de realizar um esforço mais importante do que os menos desenvolvidos: o desenvolvimento de todos eles deve ser sustentável e os segundos podem evitar ter de atravessar, como os primeiros, todas as etapas do produtivismo.

As nossas propostas

Rever a livre circulação de capitais, instaurando um verdadeiro imposto sobre transações financeiras.

Reorganizar a cooperação internacional pondo fim aos acordos bilaterais e reconhecendo uma série de bens e serviços como «comuns» ou «públicos».

Instaurar um conjunto de cláusulas sociais e ambientais nos tratados comerciais.

Preservar as margens de manobra nacionais para que cada país possa proteger o seu modelo social e preservar o controlo dos seus setores estratégicos.